解説

実践 **総合的な学習の時間の指導法**

開隆堂

はじめに―本書の活用について（授業ガイダンス）

　ご案内の通り，教育職員免許法及び同法施行規則の改正（平成31年4月1日施行）に伴い，教員免許状を取得できる大学においては新たな履修内容が示されました。

　今回の改正は，これからの学校教育を担う教員の資質能力の向上をねらいとしています。もちろん，このねらいを達成するためには，各学校，教育委員会等の行政機関，大学等の養成機関が緊密に連携を図ることが前提です。特に，養成機関としての大学等の教育の在り方は注目されています。その中でも，教職課程の在り方は中核と言えます。このことに関して，教職課程の科目区分の大括り化，新たな教育課題等へ対応するための履修内容の充実，教職課程のコアカリキュラムの作成が盛り込まれました。新たな科目の履修も示され，その中に「総合的な学習の時間の指導法」があります。

　「総合的な学習の時間」は，小・中学校では平成10年12月，高等学校では平成11年3月の学習指導要領の改訂により，各学校の教育課程に位置付けられた指導内容です。今次の学習指導要領の改訂では，高等学校は「総合的な探究の時間」と名称は変わりましたが，これからの児童生徒の学びにとって重要な指導内容と言えます。しかしながら，教育課程の位置付けでは他の教科等と比較すると歴史的には浅い点もあります。

　本書はこのような状況を踏まえ，「総合的な学習の時間の指導法」についての入門書としての性格を強く押し出しています。したがって読者の対象も，教職を目指す学生，初任者教員などの皆様を考えています。

【本書の特長】

　全体の構成は大学等での授業を想定して，7章立てとしています。この中で，総合的な学習の時間の意義と原理，指導計画の作成，指導と評価について学んでいただきたいと考えています。この学びから「総合的な学習（探究）の時間」をさらに深く探究する皆様が増えることを期待しています。

　第Ⅰ部の第1章から第5章までは，「総合的な学習の時間の指導法」についての理論とその解説を中心に書かれています。また，各章の構成は，事前学修，章のねらい，グループワーク，事後学修などと読者が主体的に学べるように考えました。

　第Ⅱ部の第6章は，第1章から第5章までの内容を踏まえた実践事例とその解説を掲載しています。第7章は，校種ごとの実践例を掲載し，校種間の連携，児童生徒の発達段階への対応について具体的に学ぶことをねらいとしています。

　第Ⅲ部の資料編は，第1章から第7章の理論，実践の根拠となる法令等，教職課程コアカリキュラムなどを掲載しています。参照，活用していただければと存じます。

【「はじめに」の活用について】

　紙面の関係で，この「はじめに」の部分は，「総合的な学習の時間の指導法」誕生の背景や総合的な学習（探究）の時間の特質などについてふれていきます。なぜ，教職課程の科目として生まれたか，今後，どのようなことが期待されているか，総合的な学習（探究）の時間がもつ固有の特質とは何か，ということです。

　大学等のテキストと活用していただく場合は，次頁の内容を最初のガイダンスとしてご活用いただければ幸いです。

<「総合的な学習の時間の指導法」のガイダンスとして>

1 「総合的な学習の時間の指導法」誕生の背景

　「教育は人なり」と言われるように，学校教育の充実には教員の資質・能力が大きくかかわっています。この資質・能力を高め，優秀な教員を確保するために大学等は養成，地方自治体等は選考，学校等では研修という形で関わってきています。また，教育に「不易流行」があり，変わらなく教えなければいけないもの，社会等の変化により変わっていく内容もあります。学習指導要領の改訂等は，そのために行われています。今次の教育職員免許法施行規則の改正では，「学校現場で必要とされる知識や技能を教員養成課程で獲得できるよう，教職課程の内容を充実する」という趣旨があります。学習指導要領の改訂等を踏まえ，アクティブ・ラーニングの視点に立った授業改善，ICTを用いた指導法の工夫，道徳教育・外国語教育・特別支援教育の充実，チーム学校への対応，学校と地域との連携，学校安全への対応，「総合的な学習の時間の指導法」の獲得，キャリア教育の充実など，現在の学校現場で必要とされる知識や資質を教員養成課程において履修できるよう，教職課程の項目を追加することが行われました。

　総合的な学習の時間は，平成11年度以降に実践されている教育内容でありますから，これまでの教員免許状取得には履修内容としてありませんでした。しかしながら，その指導法については，各学校では，教員に強く求めている資質・能力であります。この意味で，「総合的な学習の時間の指導法」が今回の改正で新たな科目として追加されたと考えられます。

2 総合的な学習（探究）の時間の特質

　総合的な学習（探究）の時間が創設された背景等を踏まえると，総合的な学習（探究）の時間には次のような固有の特質があると言えます。

（1） 教育課程に位置付けられている教育活動である。

　学校の全ての教育活動は，教育課程に基づき実施されています。教育課程は，学校の教育の計画であり，そのことに関する事項（授業時数や教科等）については，学校教育法，同施行規則に示されています。具体的には，文部科学大臣が公示する「学習指導要領」にその大綱的な基準が示されています。

　総合的な学習（探究）の時間は，このように法的に位置付けられた学習指導要領にも明記されている教育活動です。しかしながら，教科と異なり，教科書もありません。国として一律に内容を示していませんから，各学校が総合的な学習（探究）の時間の目標を踏まえ，児童生徒の実態を十分に把握した上で，創意工夫を発揮して行うことが必要です。学校によってその名称が異なるため児童生徒にとっては，学びの実感に温度差が生じている場合もあります。

　したがって，指導に当たりこれらのことを十分に留意しなければなりません。

（2） 各教科等の資質・能力を横断的・総合的に活用・発揮する教育活動である。

　これからの社会では，予測不可能な課題も生まれてきます。これらの課題に対応していくためには，各教科等で身に付けた資質・能力を相互に関連付け，ある場合には，教科等で身に付けた力を横断的に活用したり，また，ある場合には，それらが総合的に働くよう活用・発揮する力を身に付けていく必要があります。このような資質・能力を総合的な学習（探究）の時間は育んでいきます。

（3）　自己の生き方を考える教育活動である。

　　総合的な学習（探究）の時間では，自然体験やボランティア活動などの社会体験的な学習や問題解決的な学習が積極的に行われます。このような学習を通して，生き方を考える学習も積極的に展開されていきます。学校で学ぶ生き方の「たんきゅう」は，二つの意味があります。一つは，自己の在り方生き方を探っていく，自分の生き方を求めさ迷う意味合いの「探求」です。これは，主に道徳教育で実践されています。総合的な学習（探究）の時間では，探究課題に取り組む過程を通して，自己の生き方について考えていく生き方の「探究」です。この「探求」と「探究」は生き方教育における車の両輪です。

（4）　課題解決を通して，探究的な学びを獲得する教育活動である。

　　総合的な学習（探究）の時間では，探究的な学習過程が中心に据えられています。探究的な学習過程とは，児童生徒が，「①日常生活や社会に目を向けたときに湧き上がってくる疑問や関心に基づいて，自ら課題を見つける。次に②課題にある具体的な問題について情報を収集する。そして，③その情報を整理・分析し，既習の知識・技能に結び付け，考えを出し合い問題解決に取り組む。④明らかになった考えや意見などをまとめ・表現し，そこからまた新たな課題を見付け，さらなる問題の解決を始める」といった学習活動を発展的に繰り返していく学習の営みです。まさに，児童生徒が主体的に，「調査してみよう」「発表してみよう」「まとめてみよう」などの学びを展開することができます。課題解決を通して，探究的な学びを獲得する教育活動と言えます。

（5）　実社会や実生活につながる教育活動である。

　　総合的な学習（探究）の時間の中で，児童生徒が探究的な見方・考え方を働かせながら横断的・総合的な学習に取り組むことにより，よりよく課題を解決し，自己の生き方を考えていくための資質・能力を育成することにつながります。また，学習方法も個人で行うもの，グループ学習や異年齢集団によるもの，地域の人々の参加によるもの，地域の自然や施設を積極的に活用していくものなど様々な方法があります。この学習方法で育てられた資質・能力は学校教育のみならず，大人になった後に，実社会や実生活の中でも重要な役割を果たしていきます。

3　特別活動との関連

　　特別活動と総合的な学習の時間は，ともに教科書がない学校教育の領域概念であること，体験的な学習や協働的な学習を重視すること，自己の生き方についての考えを深めることなど共通性があります。各教科等で身に付けた資質・能力を総合的に活用・発揮しつつ児童生徒が自らの課題達成に取り組む教育活動であることも共通しています。しかし，両者には固有の特質があります。したがって，指導に当たる際は，まず，それぞれの目標や内容を正しく理解し，実践において関係調整を図っていくことが重要です。

東京女子体育大学・同短期大学教授　美谷島 正義

もくじ

ここでは，総合的な学習（探究）の時間の指導法について，第1章（1 時間目）から第5章（5 時間目）で，テーマごとに理論とその解説をしていきます。

第1章 総合的な学習（探究）の時間の目指すもの（1 時間目）

事前の学修課題
○ 完全学校週5日制が実施されたとき，児童生徒にどのような影響があったかについて調べてみよう。
○「生きる力」の育成が生まれた背景についてまとめておこう。
○ ゆとり教育の目指したものについて調べておこう。
○ 校種ごとの学習指導要領の目標と内容を読んでおこう。

本時の学修のねらい
☑「総合的な学習の時間」がなぜ創設されたのか，その背景について理解する。
☑「総合的な学習（探究）の時間」の特質を理解することで，教育的意義と学校の教育課程において果たす役割（横断的・総合的な学びの意味）について考える。
☑「総合的な学習（探究）の時間」の目標と内容を理解するとともに，育成すべき資質・能力について考える。

I 総合的な学習の時間が創設された背景

1「学習指導要領」の役割

　各学校は，学校教育の目的や目標を達成するために，教育の内容を児童生徒の心身の発達に応じ，授業時数との関連において総合的に組織した教育計画，すなわち「教育課程」を編成し，その実施に努めています。

　各学校における教育目標は，教育基本法や学校教育法の精神が生かされています。そして，具体的な指導の内容については，学校教育法施行規則及び学習指導要領に基づき教育課程が編成されています。この意味で，学習指導要領は，各教科等の目標，指導内容等の大綱的な基準であると言えます。

　また，教育は「不易と流行」を踏まえなければなりません。教育の本質を求めつつ，科学技術や国際化，情報化などの急激な進歩や変化に対応できる教育の在り様も探る必要があります。そのため，学習指導要領は，戦後の昭和 22（1947）年に一般編（試案）が生まれてから一定期間ごとに改訂作業が行われています。

2「総合的な学習の時間」創設から今日まで

　総合的な学習の時間創設の学習指導要領改訂は，次のような背景で進められました。
（1）中央教育審議会の答申
　平成7（1995）年4月に当時の文部大臣が中央教育審議会に「21 世紀を展望した

理論・解説編

我が国の教育の在り方」について諮問しました。その結果，－子供に[生きる力]と[ゆとり]を－　という形で答申が出されました。この答申は，第1部が今後における教育の在り方，第2部が学校・家庭・地域社会の役割と連携の在り方，第3部が国際化，情報化，科学技術の発展等社会の変化に対応する教育の在り方の3部構成になっており，そこには，これからの教育に必要な横断的・総合的な指導の在り方や教育活動が示されています。

　また，この答申には，将来における教育課程の改訂のために，「教科の再編・統合を含めた将来の教科等の構成の在り方について，早急に検討に着手することが必要。このため，教育課程審議会にそれらの在り方を継続的に調査審議する常設の委員会を設け，その審議の成果を施策に反映する」ことも示されました。

(2) 教育課程審議会の答申

　(1)の中央教育審議会答申を受け，おおよそ2年の歳月をかけて平成10(1998)年7月29日に教育課程審議会は，「I 教育課程の基準の改善の方針－2 各学校段階等を通じる教育課程の編成及び授業時数等の枠組み－ (2)総合的な学習の時間」において，その創設の趣旨，ねらいや学習活動等について具体的に答申を示しました。この答申に示された「総合的な学習の時間」の概要は次のとおりです。

① 「総合的な学習の時間」のねらいは，以下のア～エの四つと言えます。
　ア 自ら課題を見つけ，自ら学び，自ら考え，主体的に判断し，よりよく問題を解決する資質や能力の育成
　イ 情報の集め方，調べ方，まとめ方，報告や発表・討論の仕方などの学び方やものの見方の獲得
　ウ 問題の解決や探究活動に主体的，創造的に取り組む態度の育成
　エ 自己の生き方についての自覚を深めること
② 「総合的な学習の時間」の教育課程上の位置付けは，各学校において創意工夫を生かした教育活動とすること。
③ 「総合的な学習の時間」の学習活動は，地域や学校の実態に応じ，各学校が創意工夫するものであり，例えば国際理解，情報，環境，福祉・健康などの横断的・総合的な課題，児童生徒の興味・関心に基づく課題，地域や学校の特色に応じた課題などについて学習課題として設定して展開することが考えられる。
④ 「総合的な学習の時間」の授業時数等については，各校種に示された。
⑤ 「総合的な学習の時間」の評価については，教科のように数値的に評価せず学習過程，学習の状況や成果などについて児童生徒のよい点を適切に評価する。

　そして，この答申を受けて，「総合的な学習の時間」が学習指導要領に創設されました。当時は，現在とは異なり，小・中・高等学校ともに総則の中に次頁の表1のように示されました。

表1 「総合的な学習の時間」創設時の学習指導要領の「総則」での表記(筆者作成)

小・中学校(平成10年12月)／高等学校(平成11年3月)

1 総合的な学習の時間においては,各学校は,地域や学校,(児童)生徒の実態等に応じて,横断的・総合的な学習や(児童)生徒の興味・関心等に基づく学習など創意工夫を生かした教育活動を行うものとする。
※(児童)は小学校の表記。

<ねらい>
2 総合的な学習の時間においては,次のようなねらいをもって指導を行うものとする。
(1) 自ら課題を見付け,自ら学び,自ら考え,主体的に判断し,よりよく問題を解決する資質や能力を育てること。
(2) 学び方やものの考え方を身に付け,問題の解決や探究活動に主体的,創造的に取り組む態度を育て,自己の[在り方]生き方を考えることができるようにすること。※[在り方]は高等学校の表記。

3 各学校においては,上記に示すねらいを踏まえ,

<小・中学校>	<高等学校>
○例えば,国際理解,情報,環境,福祉・健康などの横断的・総合的な課題 ○(児童)生徒の興味・関心に基づく課題 ○地域や学校の特色に応じた課題 などについて,学校の実態に応じた学習活動を行うものとする。	地域や学校の特色,生徒の特性等に応じ,例えば,次のような学習活動を行うものとする。 ア 国際理解,情報,環境,福祉・健康などの横断的・総合的な課題についての学習活動 イ 生徒が興味・関心,進路等に応じて設定した課題について,知識や技能の深化,総合化を図る学習活動 ウ 自己の在り方生き方や進路について考察する学習活動

4 各学校における総合的な学習の時間の名称については,各学校において適切に定めるものとする。

5 「配慮事項」として

<小学校>	<中学校>	<高等学校>
(1)自然体験やボランティア活動などの社会体験,観察・実験,見学や調査,発表や討論,ものづくりや生産活動など体験的な学習,問題解決的な学習を積極的に取り入れること。 (2)グループ学習や異年齢集団による学習などの多様な学習形態,地域の人々の協力も得つつ全教師が一体となって指導に当たるなどの指導体制,地域の教材や学習環境の積極的な活用などについて工夫すること。 (3)国際理解に関する学習の一環として外国語会話等を行うときは,学校の実態に応じ,児童が外国語に触れたり,外国の生活や文化などに慣れ親しんだりするなど小学校段階にふさわしい体験的な学習が行われるようにすること。	(1)自然体験やボランティア活動などの社会体験,観察・実験,見学や調査,発表や討論,ものづくりや生産活動など体験的な学習,問題解決的な学習を積極的に取り入れること。 (2)グループ学習や異年齢集団による学習などの多様な学習形態,地域の人々の協力も得つつ全教師が一体となって指導に当たるなどの指導体制,地域の教材や学習環境の積極的な活用などについて工夫すること。	(1)自然体験やボランティア活動,就業体験などの社会体験,観察・実験・実習,調査・研究,発表や討論,ものづくりや生産活動など体験的な学習,問題解決的な学習を積極的に取り入れること。 (2)グループ学習や個人研究などの多様な学習形態,地域の人々の協力も得つつ全教師が一体となって指導に当たるなどの指導体制,地域の教材や学習環境の積極的な活用などについて工夫すること。 (3)総合学科においては,総合的な学習の時間における学習活動として,原則として上記3のねらいのイに示す活動を含むこと。

(3)目標と内容の設定

　児童生徒に主体的な学び方を身に付けさせる,創造的な学習態度に取り組ませる,自己の生き方を考えさせるなどのねらいをもったこの総合的な学習の時間も当初,各学校では,新しさゆえ教育活動の展開に苦慮していたことも事実です。平成15(2003)年の文部科学省の「学校教育に関する意識調査」(次頁のグラフ参

照)では，「総合的な学習の時間」の実施上の問題点（教員）として，①教員の打ち合わせ時間の確保（70.8%），②学年全体を見通した発展性や系統性の構築（49.6%），③体験的な活動等の実施のための経費（48.4%），④外部機関等との連携（43.3%）などが挙げられています。

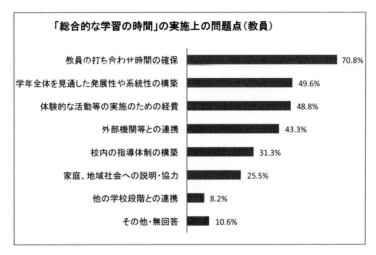

各学校では，特別活動の実践との関係調整も大きな課題となっていました。

平成15年10月の初等中等教育における当面の教育課程及び指導の充実・改善方策についての中央教育審議会答申では，「総合的な学習の時間」については，その趣旨に即した創意工夫あふれる取り組みが増えている一方で，「ねらい」だけが示されていることから「目標」や「内容」が明確でなく，検証・評価が不十分である実態や教員の適切な指導についての課題などが指摘されました。

これらを踏まえ，平成15年12月に学習指導要領の総則を中心にその一部を改正する通知が文部科学省から発出されました。この通知は，「総合的な学習の時間」の内容だけではありませんが，この時間を児童生徒にとって有意義な活動にするための改善がなされました。「総合的な学習の時間」に関わる事項について小学校を例にとれば次のとおりです。

【改正箇所】は，前頁の「表1　学習指導要領総則の表記」を参考にすると，
◇2の＜ねらい＞に（3）が付加されました。

　（3）各教科，道徳及び特別活動で身に付けた知識や技能等を相互に関連付け，学習や生活において生かし，それらが総合的に働くようにすること。
◇3に，「目標」・「内容」の設定が記述されました。スミ網部が付加された文言です。

　各学校においては，1及び2に示す趣旨及びねらいを踏まえ，総合的な学習の時間の目標及び内容を定め，例えば，国際理解・・・学習活動を行うものとする。
◇4として，全体計画の作成が付加されました。（以前の4は5に，以下を繰り下げ5は6になりました。）

　各学校においては，学校における全教育活動との関連の下に，目標及び内容，育てようとする資質や能力及び態度，学習活動，指導方法や指導体制，学習の評価の計画などを示す総合的な学習の時間の全体計画を作成するものとする。
◇6の配慮事項に教師の指導の在り方が付加され，地域教材の活用等が具体的に

なりました。

 (1)目標及び内容に基づき，児童の学習状況に応じて教師が適切な指導を行うこと。

 (4)学校図書館の活用，他の学校との連携，公民館，図書館，博物館等の社会教育施設や社会教育関係団体等の各種団体との連携，地域の教材や学習環境の積極的な活用などについて工夫すること。

 そして，これまで総則で示されていた「ねらい」だけではなく，平成 20(2008)年 3 月に告示された小・中学校の学習指導要領には，「総合的な学習の時間」の一つの領域として「目標」と「内容」が示されました。平成 29(2017)年 3 月の学習指導要領の改訂では，探究的な学習の過程の一層の重視と各教科等の関連の視点から「目標」等の改善が図られています。今後，各学校では改善・充実した学習内容・学習指導が実践されることに大きな期待がもたれています。

Ⅱ　総合的な学習（探究）の時間の育成すべき資質・能力

1 総合的な学習（探究）の時間の目標

 平成 29 年 3 月に告示された小・中学校の学習指導要領には，総合的な学習の時間の目標について以下のように示されています。

 探究的な見方・考え方を働かせ，横断的・総合的な学習を行うことを通して，よりよく課題を解決し，自己の生き方を考えていくための資質・能力を次のとおり育成することを目指す。

(1)探究的な学習の過程において，課題の解決に必要な知識及び技能を身に付け，課題に関わる概念を形成し，探究的な学習のよさを理解するようにする。

(2)実社会や実生活の中から問いを見いだし，自分で課題を立て，情報を集め，整理・分析して，まとめ・表現することができるようにする。

(3)探究的な学習に主体的・協働的に取り組むとともに，互いのよさを生かしながら，積極的に社会に参画しようとする態度を養う。

 そして，翌年の平成 30(2018)年 3 月に告示された高等学校の学習指導要領には，名称を「総合的な探究の時間」として，生徒の発達段階を踏まえ，「目標」について以下のように示しています。

 探究の見方・考え方を働かせ，横断的・総合的な学習を行うことを通して，自己の在り方生き方を考えながら，よりよく課題を発見し解決していくための資質・能力を次のとおり育成することを目指す。

(1)探究の過程において，課題の発見と解決に必要な知識及び技能を身に付け，課題に関わる概念を形成し，探究の意義や価値を理解するようにする。

(2)実社会や実生活と自己の関わりから問いを見いだし，自分で課題を立て，情報を集め，整理・分析して，まとめ・表現することができるようにする。

(3)探究に主体的・協働的に取り組むとともに，互いのよさを生かしながら，新たな価値を創造し，よりよい社会を実現しようとする態度を養う。

(注)スミ網部分は，小・中学校のものとの変更箇所。

小・中学校の目標と高等学校の目標は，発達段階を踏まえたことによるものと言えます。したがって，指導計画の作成では，資質・能力を系統的に示していくことが重要です。

　　前文の冒頭に「探究(的)な見方・考え方を働かせ」とありますが，このことは，総合的な学習(探究)の時間の固有の特質であり，「探究的な学習過程」の重要性を示したものと言えます。

　　また，今次の改訂では，教科，領域等教育課程全体を通して育成すべき資質・能力を「ア　知識・技能」，「イ　思考力・判断力・表現力等」，「ウ　学びに向かう力・人間性等」の三つの柱で整理しています。したがって，総合的な学習(探究)の時間として育成すべき資質能力は，前文の2行に示されているところの「よりよく課題を解決し，自己の生き方を考えていく」資質・能力であり，その力の「ア　知識・技能」が上記の小・中，高等学校それぞれの(1)であり，「イ　思考力・判断力・表現力等」が(2)，「ウ　学びに向かう力・人間性等」が(3)ということになります。

2　総合的な学習(探究)の時間の内容

　　各学校における「総合的な学習(探究)の時間」の目標と内容は，前述の「1　総合的な学習(探究)の時間の目標」を踏まえ，各学校において定めることになっています。

　　これは，「総合的な学習(探究)の時間」が，各学校の教育目標を踏まえ，児童生徒の実態に即して特色ある学校づくりの中で展開されること，各学校が創意工夫を生かした探究的な学習や横断的・総合的な学習を実施することが期待されているからです。

　　また，接続する学校を視野に入れた発展的な学習活動が行われるような目標設定と内容を定めることも重要です。

　　これらの取り扱いについては，校種別の学習指導要領の「総合的な学習(探究)の時間編」の「各学校において定める目標及び内容の取扱い」を参照してください。

グループワーク

①自分の総合的な学習の時間の経験を振り返り，印象に残っていることを意見交換してみよう。

②右図の「探究的な学習における(児童)生徒の学習の姿」を参考に，総合的な学習の時間が育成する資質・能力は何かについて協議してみよう。

*平成20年 中学校学習指導要領【総合的な学習の時間編】解説より。

探究的な学習における生徒の学習の姿

課題の設定
まとめ・表現　　情報の収集
整理・分析

■日常生活や社会に目を向け，生徒が自ら課題を設定する。

■探究の過程を経由する。
①課題の設定
②情報の収集
③整理・分析
④まとめ・表現

■自らの考えや課題が新たに更新され，探究の過程が繰り返される。

本時の授業から，「総合的な学習(探究)の時間」の教育課程において果たす役割について簡条書きで整理してみよう!

第2章 全体計画とカリキュラム・マネジメント (2時間目)

事前の学修課題

○ 小・中学校，高等学校において，「総合的な学習の時間」でどのような学習をしたのかをまとめておこう。

○ 小・中学校，高等学校における「総合的な学習（探究）の時間」と他の教科等との関連について考えてみよう。

○ カリキュラム・マネジメントとはどのようなことか，調べておこう。

本時の学修のねらい

☑ 「総合的な学習（探究）の時間」と関連する教育について理解する。

☑ 特色ある学校づくり及びカリキュラム・マネジメントと「総合的な学習（探究）の時間」の全体計画の関係について理解する。

☑ 「総合的な学習（探究）の時間」と各教科等との関連の重要性について理解する。

Ⅰ 総合的な学習（探究）の時間と関連する教育

（以下，本章では，特に高等学校を強調する以外については，「総合的な学習（探究）の時間」を「総合的な学習の時間」と表記する。）

総合的な学習の時間は，探究課題を解決することを通して，総合的な学習の時間の目標の資質・能力にせまる教育活動です。そして，その学習過程では体験活動を適切に位置付けた横断的・総合的な学習があります。例えば，自然に関わる体験活動，ボランティア活動など社会と関わる体験活動，ものづくりや生産，文化や芸術に関わる体験活動などを行うことが考えられます。

学習指導要領において，総合的な学習の時間の目標を実現するにふさわしい探究課題について以下のように示されています。

> 目標を実現するにふさわしい探究課題については，学校の実態に応じて，例えば，国際理解，情報，環境，福祉・健康などの現代的な諸課題に対応する横断的・総合的な課題，地域の人々の暮らし，伝統と文化など地域や学校の特色に応じた課題，児童の興味・関心に基づく課題などを踏まえて設定すること。
>
> 【小学校学習指導要領（平成29年告示）】
>
> 目標を実現するにふさわしい探究課題については，学校の実態（地域や学校の実態，生徒の特性等）に応じて，例えば，国際理解，情報，環境，福祉・健康などの現代的

な諸課題に対応する横断的・総合的な課題，地域や学校の特色に応じた課題，生徒の興味・関心に基づく課題，職業や自己の将来(進路)に関する課題などを踏まえて設定すること。　＊スミ網部は中学校，( )は高等学校の表記。

【中学校学習指導要領(平成 29 年告示)／高等学校学習指導要領(平成 30 年告示)】

　　ここで，現代的な諸課題に対応する横断的・総合的な課題として，国際理解，情報，環境，福祉・健康などが挙げられていますが，これらの課題は例示であり，地域や学校の実態，児童生徒の特性等に応じて探究課題を設定します。

　　総合的な学習の時間は，教科等の枠を超えた横断的・総合的な学習であるとともに，探究的な見方・考え方を働かせて学習することが求められています。また，児童生徒が自ら学び，自ら考える時間であり，主体的な学習態度を育成し，自己の生き方を考えることができるようにすることを目指した時間です。そのため，設定した課題によっては，下の表 1 のように国際理解教育や環境教育，情報教育，福祉教育，キャリア教育等の推進との関連を図りながら学習を進めることが大切です。

表1　探究課題の例と関連する教育

関連教育	探究課題の例
国際理解教育	・地域に暮らす外国人とその人たちが大切にしている文化や価値観(国際理解)
情報教育	・情報化の進展とそれに伴う日常生活や消費行動の変化(情報)
環境教育	・地域の自然環境とそこに起きている環境問題(環境)
福祉教育	・身の回りの高齢者とその暮らしを支援する仕組みや人々 (福祉)
健康教育	・毎日の健康な生活とストレスのある社会(健康)
キャリア教育	・職業の選択と社会への貢献(職業)
	・働くことの意味や働く人の夢や願い (勤労)

＊中学校学習指導要領(平成 29 年告示)解説【総合的な学習の時間編】を基に筆者が作成。

1 総合的な学習の時間と国際理解教育

　　以下，この中の国際理解教育とキャリア教育の関連についてふれてみます。グローバル化の進展など急速に変化する社会の中，国際理解に関する課題について探究的な学習を通して取り組むことは意義のあることです。国際理解教育の充実については，「21世紀を展望した我が国の教育の在り方について」(平成 8 年中央教育審議会第一次答申)において，その重要性が以下のように述べられています。

> 　国際理解教育は，各教科，道徳，特別活動などのいずれを問わず推進されるべきものであり，各学校ごとに，理念，各教育活動の役割やねらいについて，全教員が共通理解を持って取り組むことが重要である。(中略)指導の在り方としては，国際理解教育が総合的な教育活動であることを踏まえて，「総合的な学習の時間」を活用した取組も考えられよう。

　　このように，教科等の枠を超えた横断的・総合的な学習である総合的な学習の時間の課題として国際理解を設定することは，指導の在り方の共通性からも適切

であると言えます。国際理解に関する探究課題を設定した場合には，様々な国・地域など外国の生活や文化の体験や，衣食住などの日常生活の視点から，日本と外国の文化の違いや背景について調査や追究をしたり，日本と諸外国との関係について学んだりする学習活動が大切です。その際に，世界には多様な考え方や価値が存在することを実感できるような場面設定も考えられます。

　そして，そこから生まれた自己の課題について解決方法を考えたり，討論したりする学習を通して，国際的に協調して取り組むことの重要性や難しさについて考える機会を設定することもできます。しかし，スキルの習得に重点を置くなど単なる外国語の学習を行うことは，総合的な学習の時間にふさわしい学習とは言えません。探究的な学習として適切な学習であるかどうか，丁寧に検討することが必要です。

②総合的な学習の時間とキャリア教育

　総合的な学習の時間の探究課題の一つに，職業や自己の将来（進路）に関する課題が挙げられています。今次の中学校と高等学校の学習指導要領【総合的な学習の時間編】「第3 指導計画の作成と内容の取扱い」では，「内容の取扱いについての配慮事項」として以下のように示されています。

> 　職業や自己の将来（進路）に関する学習を行う際には，探究的な学習（探究）に取り組むことを通して，自己を理解し，将来の生き方（在り方生き方）を考えるなどの学習活動が行われるようにすること。＊スミ網部は中学校，（　）は高等学校の表記。

　総合的な学習の時間で育成を目指す資質・能力は，よりよく課題を解決し，自己の生き方を考えていくための資質・能力です。総合的な学習の時間で学んだことを現在や将来の自己の生き方につなげて考えること，自分のよさや可能性に気付き，自分の人生や将来の職業について考えることが大切です。職業や自己の将来に関する学習は，キャリア教育と大きく関連する学びです。キャリア教育は特別活動を要としつつ各教科，道徳，総合的な学習の時間と関連させ，学校の教育活動全体で行っていきます。

　中学校と高等学校におけるキャリア教育の取り組みでは，総合的な学習の時間との関連を図り，職業調べや職場体験活動，インターンシップなどが実施されています。特に，高等学校では，個性の伸長や自己実現等との関連から，進学や就職等に関わる個人としての生き方や，現代社会の諸課題に関わる社会の一員としての生き方などについて考えることが大切です。

Ⅱ　特色ある学校づくりと総合的な学習の時間の全体計画

①総合的な学習（探究）の時間とカリキュラム・マネジメント

　今次の学習指導要領では，各学校が積み重ねてきた教育実践等を生かしながら，教育活動の一層の充実を図ることを重視し，教育課程の編成や実施に生かす観点から，「主体的・対話的で深い学び」や「カリキュラム・マネジメントの充実」が挙げ

られています。

　現在，各学校では創意工夫を生かした特色ある教育活動，特色ある学校づくりが推進されています。総合的な学習の時間においても児童生徒や学校，地域の実態，特性に応じた学習活動が行われ，特色ある学校づくりの推進にも大きく寄与しています。

　そこで，各学校は児童生徒，地域の実態，特性を踏まえた教育課程の編成に際して，総合的な学習の時間を教育課程の中核に据えて，学習の効果を高めるカリキュラム・マネジメントを確立することも大切です。この総合的な学習の時間とカリキュラム・マネジメントとの相互関連について，高等学校学習指導要領解説【総合的な探究の時間編】において以下のように示されています。

　カリキュラム・マネジメントは，「生徒や学校，地域の実態を適切に把握し，教育の目的や目標の実現に必要な教育の内容等を教科等横断的な視点で組み立てていくこと」，「教育課程の実施状況を評価してその改善を図っていくこと」，「教育課程の実施に必要な人的又は物的な体制を確保するとともにその改善を図っていくこと」の三つの側面などを通して，教育課程に基づき「組織的かつ計画的に各学校の教育活動の質の向上を図っていくこと」です。

　総合的な学習の時間のねらいや育成すべき資質・能力を明確にするとともに，教科等横断的なカリキュラム・マネジメントの軸となるよう，各学校の教育目標を踏まえて総合的な学習の時間の目標を設定し，教育活動を進めることが重要です。

② 総合的な学習の時間の全体計画

　総合的な学習の時間の指導計画は，学校としての全体計画と年間指導計画の二つを作成する必要があります。全体計画は，学校として総合的な学習の時間の教育活動の基本的な在り方を示すものです。言わば全体像をイメージしたものです。学校の教育目標を踏まえ，総合的な学習の時間の基本的な内容や方針等を概括的・構造的に示していきます。また，全体計画の単元として具現化して，１年間の流れの中に配列したものが年間指導計画です。各学校では，この二つの計画が相互に関連をもつように配慮しながら作成する必要があります。

　全体計画に盛り込むべきものは次頁の表２に示しているものが考えられます。全体計画の書式については，各学校で定めることができますが，簡潔で，容易に把握できるよう，記述や表現を工夫することが大切です。なお，年間指導計画の

作成に当たっては，校長の指導ビジョンとリーダーシップの下，全教職員が協力し，自律的，創造的に行うことが重要です。そのために，校内外の推進体制を整備することも必要です。

表2　全体計画に盛り込むべきもの

①必須の要件として記すもの	○各学校における教育目標 ○各学校において定める目標 ○各学校において定める内容(目標を実現するにふさわしい探究課題，探究課題の解決を通して育成を目指す具体的な資質・能力)
②基本的な内容や方針等を概括的に示すもの	○学習活動 例：・学級ごとに1年間1テーマでの取り組みを基本として実施 　　・第3学年は個別探究による卒業研究を実施 　　・農業体験は年間を通しての帯単元として実施　など ○指導方法 例：・生徒の課題意識を連続発展させる支援 　　・協働的な学習活動の充実 　　・教科等との関連的な指導の重視　など ○指導体制(環境整備，外部との連携を含む) 例：・運営委員会における校内の連絡調整と支援体制の確立 　　・カリキュラム管理室を拠点とした情報の集積と活用 　　・地域教育力の人材バンクへの登録と効果的運用　など ○学習の評価 例：・ポートフォリオを活用した評価の充実 　　・個人内評価の重視 　　・指導と評価の一体化の充実　など
③学校が全体計画を示す上で必要と考えるもの	○年度の重点・地域の実態・学校の実態・生徒の実態・保護者の願い・地域の願い・教職員の願い ○各教科等との関連・地域との連携・小学校や高等学校等との連携・近隣の中学校との連携

＊中学校学習指導要領(平成29年告示)解説【総合的な学習の時間編】を基に筆者が作成。

総合的な学習の時間の目標と内容，学習活動の相互関係については，下図のように示されています。

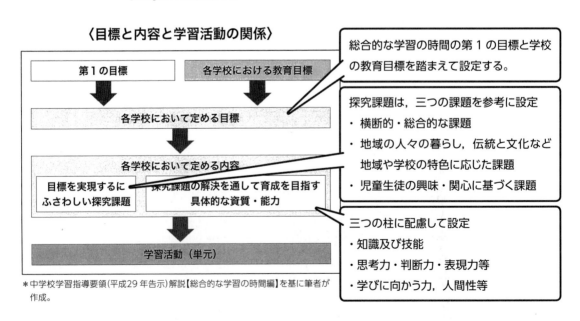

〈目標と内容と学習活動の関係〉

＊中学校学習指導要領(平成29年告示)解説【総合的な学習の時間編】を基に筆者が作成。

　総合的な学習の時間は，教科等の枠を超えた全ての学習の基盤となる資質・能力を育むとともに，各教科等で身に付けた資質・能力を相互に関連付け，学習や生活において生かし，それらが総合的に働くようにするものです。

　各教科等で別々に身に付けた様々な能力をつながりのあるものとして組織化して見直し，改めて現実の生活に関わる学習において活用し，それらが連動して機能するようにするということが重要です。身に付けた資質・能力は，初めに学んだ場面とは異なる新たな場面や状況で活用されることにより，一層生きて働くようになることが期待されます。

　各教科等で習得した知識や技能等を総合的な学習の時間において活用することにより，身に付けた知識や技能は生きて働くものとなり，総合的な学習の時間の探究活動をより充実させ，児童生徒の学習に一層の深まりや広がりを期待することができます。また，総合的な学習の時間での体験活動が各教科等における学習の素材となったり，学習活動への意欲の喚起や学習を促進させたりすることも期待できます。

　特に年間指導計画の作成に当たっては，各教科等との関連的な指導を行うことが求められています。各教科，道徳，総合的な学習の時間，特別活動の全てにおいて関連的な指導を大切にしていますが，横断的・総合的な学習を行う観点から，総合的な学習の時間においては，各教科等との関連付を重視しています。

　総合的な学習の時間の指導の全体計画例，年間指導計画例等については，第Ⅱ部実践事例編などを参照してください。

理論・解説編

グループワーク

①事前の学修課題でまとめた自分の小・中学校，高等学校における「総合的な学習の時間」の学び
　を紹介し，その学習活動がどのような教科等と関連するのか話し合ってみよう。

②カリキュラム・マネジメントと総合的な学習の時間の相互関連について，どのようなことを重視し
　なければならないのか，協議してみよう。

 本時の授業から，総合的な学習の時間の全体計画を作成する際に重視することについて箇条書きでまとめてみよう。

単元の指導計画

（3時間目）

理論・解説編

事前の学修課題	○ 各教科における単元と「総合的な学習の時間」の単元とは，どのように異なっているのかを調べておこう。 ○ 教科を横断したり，学校行事等と関係する年間指導計画を作成したりするときには，どのような要素や条件を考慮しなければいけないのかを考えておこう。 ○ 教科等の学習指導案を作成するときの基本となる事項には，どのようなものがあるかを確認しておこう。

本時の学修のねらい

☑ 「総合的な学習の時間」を実際の教育活動として実施するには，どのような年間指導計画や単元計画を作成しなければならないかを理解する。

☑ 教科書もなく，各学校の実態に応じた教育活動を構築していくためには，どのような要件や配慮，手順を踏んでいく必要があるかを理解する。

☑ 総合的な学習の時間を探究的な学習として，自校の特色ある教育活動とするためには，どのような教師(学校)の取り組みが必要かを理解する。

Ⅰ 年間指導計画及び単元計画の基本的な考え方

「総合的な学習の時間」の実際の学習活動を年間を通して計画的に実施するためには，「年間指導計画」と単元ごとの指導計画である「単元計画」を作成する必要があります。(本章では，「総合的な学習(探求)の時間」を「総合的な学習の時間」と表記する。)

中学校学習指導要領(平成29年告示)解説【総合的な学習の時間編】(以下，本章では「学習指導要領解説」)では，年間指導計画とは，「1年間の流れの中に単元を位置付けて示したもので，どのような学習活動を，どのような時期に，どのくらいの時数で実施するのかなど，年間を通しての学習活動に関する指導の計画をわかりやすく示したもの」であり，単元計画とは，「学習しようとする課題の解決や探究的な学習が発展的に繰り返される一連の学習活動のまとまりである単元についての指導計画」であると示されています。

年間指導計画及び単元計画は，児童生徒(以下，本章では「生徒」)の実態，学校や地域の特色を生かし，現代的な諸課題に関しての探究的な学習となるように計画します。また，それぞれの計画は，相互に関係しており，前年度の学習の状況や当該学年の過去の実践事例などを基に，改善点や生徒の意見，実態等を踏まえて，再検討して次年度の計画を作成します。新年度を迎えてから，生徒とともに学習

計画を立てることを学習活動として位置付けて実施することもできます。

　総合的な学習の時間は，生徒の主体的な学習ですが，教師が実態の把握や見通しをもちながら計画を作成し，学習活動に向けた準備をしておくことで，学習効果や質の高い教育活動とすることができます。

Ⅱ　年間指導計画の作成

1 年間指導計画の在り方

　年間指導計画は，1年間の生徒の学習の状況を想定し，具体的な学習活動を構想し，単元を配列していきます。単元の配列には，1年間を通して一つの単元を行う場合（年間継続型），並行して複数の単元を行う場合（並列型）や単元の区切りで設定する（分散型）などがありますが，学習活動や生徒の意識が，連続し発展するように配列することが大切となります。

　特に，今回（平成29年）の学習指導要領の改訂では，「年間や，単元など内容や時間のまとまりを見通して，その中で育む資質・能力の育成に向けて，生徒の主体的・対話的で深い学びの実現を図るようにすること。その際，生徒や学校，地域の実態等に応じて，生徒が探究的な見方・考え方を働かせ，教科等の枠を超えた横断的・総合的な学習や生徒の興味・関心等に基づく学習を行うなど創意工夫を生かした教育活動の充実を図ること。」（スミ網部は筆者）が重要であるとされており，単元の見通しだけでなく年間を通して他の教科等との関連を意識することが求められます。

　年間指導計画には，「単元名」「各単元における主な学習活動」「活動時期」「予定時数」などの項目の記載が考えられます。

　1年間の学習活動の展開を構想する際には，地域や学校の特色に加えて，各学校において積み重ねてきた実践を振り返り，その成果を生かすことで，事前に準備を進めることができます。これまでの活動—実施時期・時数の配当など—について，資質・能力の育成の状況から生徒の学習状況等を適切に把握して，計画の見直しを適宜行うことが大切です。

2 計画の作成及び実施上の配慮事項

　学習指導要領解説には，年間指導計画の作成及び実施については，次の配慮事項が示されています。

(1) 生徒の学習経験に配慮すること

　当該学年までの生徒の学習経験やその経験から得られた成果を把握して，その経験や成果を生かしたり，これから行う学習活動との関連性を確認したりします。

(2) 季節や行事など適切な活動時期を生かすこと

　1年間の季節，地域や校内の行事等を生かし，時期と内容の両面から総合的な学習の時間と関連付けたりすることも検討しておくことが大切です。

(3) 各教科等との関連を明らかにすること　（次頁の図1参照）

　総合的な学習の時間では，年間を通して，横断的・総合的な学習を行う観点から，各教科等との関連的な指導を行うことが求められています。教科等で身に付けた

資質・能力を現実の生活に関わる学習において活用できるよう時期や学習内容を関連させます。

(4) 外部の教育資源の活用及び異校種との連携や交流を意識すること

保護者や地域の人，専門家などの多様な人々の協力，社会教育施設や社会教育団体等の施設・設備など様々な教育資源を学習活動に活用することが大切です。

図1　総合的な学習の時間と各教科等の単元を関連付けた年間指導計画（小学校の例）

年間指導計画（第4学年）

	4月	5月	6月	7月	9月	10月	11月	12月
総合的な学習の時間(70)	大好きみどり川 —出発！ みどり川探検隊— (28) ○川と繰り返し関わり、川への思いを深める。 ○活動で発見した気付き、思いを書きためる。 ○みどり川を愛する会の方と活動を共にして、みどり川への思いを知る。				大好きみどり川 —とことん探究！ みどり川探検隊— (30) ○自分が興味をもったことについて探究し、川について自分の考えをもつ。 ○探検や調査活動を通して感じたこと、考えたこと、自分の思いを身近な人に伝える。			
国語(245)	本と出会う, 友だちと出会う	段落のつながりに気をつけて読む	詩	伝えたいことをはっきりさせて書こう	本と友だちになろう 本のさがし方	調べて発表しよう	詩(2)	場面を比べて読もう	資料の選び方を考えよう	調べたことを知らせよう
社会(90)	住みよいくらしをつくる 地図の見方 ごみのしまつと利用		水はどこから		山ろくに広がる用水	のこしたいもの つたえたいもの	わたしたちの県 県のようす くらしと土地のようす	
算数(175)	大きな数	円と球	わり算	1けたでわるわり算	資料の整理	角	三角形	2けたでわるわり算	面積	小数	がい数
理科(105)	あたたかくなると	電気のはたらき	暑くなると	夏の星	私の研究	もののかさと力	もののかさと温度	水のすがたとゆくえ
			月の動き	私の研究	星の動き	すずしくなると		
音楽(60)	歌と楽器のひびきを合わせよう		日本の音楽に親しもう ・花笠音頭 神田ばやし ・こきりこぶし		いろいろな音のちがいをかんじとろう みどり川の音を作ろう		ふしのとくちょうをかんじとろう	
							曲の気分をかんじとろう	
図工(60)	たしかめながら	ざいりょう物語	きらきら光る絵	絵の具のふしぎ	石ころアート	みどり川の生き物	わすれられない日	ワンダーランドへようこそ	ぬのから生まれた	ゆめを広げて
体育(105)	集団行動	かけっこ・リレー	リズムダンス	一輪車	体力テスト	水泳	男女の体にズームイン	サッカー	ジョギング	マット運動
	バスケットボール	スポーツフェスティバルに向けて	ハンドベースボール		ハードル走		跳び箱運動	

＊小学校学習指導要領【総合的な学習の時間編】解説より。

Ⅲ　単元計画の作成

① 単元計画の基本的な考え方と作成の手順

単元計画の作成は，教師が意図やねらいをもって，学習課題の解決や探究的な学習活動が発展的に繰り返される一連の学習活動として適切に行えるようにする作業です。単元づくりは，教師の自律的で創造的な営みとして，学校の実践経験や生徒の実態に即して行う必要があります。

学習指導要領解説には，総合的な学習の時間の単元計画では，次のようなポイントが示されています。

(1) 生徒の関心や疑問を生かした単元の構想

総合的な学習の時間の源である生徒の関心や疑問をどのようにとらえ，単元計画につなげていくかについて，次の事項に留意します。

・他教科等での学習や日常生活の中での語りやつぶやき，ノートや生活の記録，保護者から寄せられた生徒の様子，休み時間や給食の時間などの日常の何げない機会をとらえ，生徒と丁寧に会話する機会を設けて，生徒の関心や疑問を丁寧に見取り，把握する。

・生徒の関心や疑問を固定的なものととらえるのではなく，教師の働きかけなどにより，新たな関心や疑問をもたせる体験を設定することや生徒に直接的に「こん

なことをしてはどうだろう」と 具体的な活動を提案する。

・生徒の関心や疑問から，総合的な学習の時間において価値ある学習に結び付く見込みのあるものを取り上げる。

(2) 意図した学習を効果的に生み出す単元の構成

　生徒主体の学習活動の中で，いかにすれば教師が意図する学習を効果的に行い，生徒の資質・能力を育成することができるかを考える必要があります。

・生徒の関心や疑問から，活動の展開において出会う様々な問題場面，その解決を目指しての課題の解決や探究的な学習活動の様相，学習活動を通しての生徒の学びなどを多面的，網羅的に予測する 。

・学習活動を支援してくれる専門家や関連機関などを含め，十分な教材研究を行う。

　上記のポイントを踏まえた単元計画を作成する手順例は，次頁の「表1　単元計画作成の手順」のようになります。

② **単元計画としての学習指導案**

　学習指導要領解説によると，生徒の興味・関心から始まる学習活動の連続が，探究的な学習活動となるよう単元を構想し，その単元の計画を学習指導案として作成することができます。その際には，以下のような項目や配慮が考えられます。

(1)「単元名」では，どのような学習が展開されるかを一言で端的に表現します。生徒の学習の姿が具体的にイメージできる単元名にします。

(2)「単元目標」では，どのような学習を通して生徒のどのような資質・能力の育成を目指すのかを明確に示します。

(3)「生徒の実態」では，探究課題の設定や探究課題の解決を通して育成を目指す資質・能力について，どのような実態かを把握し，学習活動について，生徒がどのような経験をもっているのかも明らかにしておく必要があります。

(4)「教材について」では，学習を動機付け，方向付け，支える学習の素材について教材の紹介にとどまらず，生徒がその教材によって学ぶ学習事項について分析し，教材のどこに価値があるのかを具体的に記すことが大切です。

(5)「単元の展開」では，目標を実現するにふさわしい探究課題，探究課題の解決を通して育成を目指す具体的な資質・能力，生徒の興味・関心を基に中核となる学習活動を設定します。

　単元計画としての学習指導案を書き表す上での基本的なイメージは，23 頁の「表2 単元計画としての学習指導案」のようになります。

表1 単元計画作成の手順

手　順	説　明
Ⅰ 全体計画・年間指導計画を踏まえる	・ 単元計画作成の前提として，学校の全体計画・年間指導計画を踏まえる必要がある。
Ⅱ 三つの視点から，中心となる活動を構想する ①生徒の興味・関心 ②教師(学校)の思い ③教材の特性	① 生徒の実態や興味・関心(疑問)を基にして，主体的な活動を保証する。 ② 教師(学校)の願いを基にして，どんな内容について学ばせたいのか，どんな資質・能力及び態度を身に付けさせたいのかを明確にした単元構成とする。 ③ 教材の特性から，どのような問題解決や探究活動を行うことができるかを明確に見通すことができる。その際，横断的・総合的な学習になるように意識する。
Ⅲ 探究的な学習として単元が展開するイメージを思い描く	① 生徒が主体的で粘り強い問題の解決や探究活動をするために，生徒の関心や疑問を重視し，適切に取り扱う。 ② 問題の解決や探究活動の展開において，教師が意図した学習を効果的に行えるようにする。 ※ 生徒は，その関心や疑問から，どのような活動を求め展開していくか，活動の展開において出会う様々な問題場面と，その解決を目指して生徒が行う対処法や探究活動の様相，さらにそれぞれの学習活動を通しての生徒の学びについて，可能性をできるだけ多面的・網羅的に予測する。
Ⅳ 単元構想の実現が可能かどうか検討する	・ 単元を構成する諸活動を考えた後に，各活動が生徒の意識や活動に沿って展開できるかを検討する。不自然さや無理がある場合には，順番を入れ替えたり，活動の間に別の活動を挟んだり省略したりすることで，単元構想の実現可能性をより高めることができる。さらに，各活動の授業時数，学習環境，学習形態，指導体制，各教科との関連等の多様な視点から，単元構想が実際に実現可能かどうかを吟味する。
Ⅴ 単元計画としての学習指導案を書き表す	・ 単元の計画を具体的に表現するには，「①単元名 ②単元目標 ③生徒の実態 ④教材について ⑤単元の展開」など，単元の学習を通して，どのような概念的な知識を生徒に獲得してほしいのか，どのような思考力，判断力，表現力等や学びに向かう力，人間性等の伸長を期待しているのかを明確にし，生徒の興味・関心から始まる学習活動の連続が探究的な学習となるよう単元を構想しなければならない。
Ⅵ 単元の実践	・ 丁寧に単元づくりを行っても，生徒の活動は教師の想定通りにはならない場合もある。その際には，計画通りに実行するのではなく，生徒の動きに応じて柔軟に修正しつつ学びを生みだそうとする教師の構えが重要になってくる。
Ⅶ 指導計画の評価と改善	・ 単元の実践を振り返り，単元計画を見直すとともに，次年度の全体計画や年間指導計画の改善に役立てることが必要となる。

＊「今,求められる力を高める総合的な学習時間の展開」(平成22年11月文部科学省)を参考に筆者が作成。

理論・解説編

22

表2　単元計画としての学習指導案

○○年度 ○○中学校 総合的な学習の時間　○学年(○学○組)単元計画

1 単元名

　総合的な学習の時間において，どのような横断的・総合的な学習や探究的な学習が展開されるかを一言で端的に表現します。単元名については，①生徒の学習の姿が具体的にイメージできる単元名にすること，②学習の高まりや目的が示唆できるようにすることに配慮することが大切です。

2 単元目標

　どのような学習を通して，生徒にどのような内容を学ばせ，どのような資質や能力及び態度を育成するのかを明確に示したものです。各学校の目標や内容，育てようとする資質や能力及び態度を視野に入れ，中核となる学習活動を基に構成することが考えられます。なお，目標の標記については，一文で示す場合，箇条書きにする場合などが考えられます。

3　単元について

(1) 単元設定の理由

　なぜこの単元を計画したのかについて，様々な要素からその設定理由を述べます。①生徒の実態，②育てようとする資質や能力及び態度，③内容について(教材について)，④教師の願い，⑤地域や学校の特色，⑥社会の要請，⑦学校研究課題との関連，⑧各教科等との関連等が挙げられます。

(2) 生徒の実態

　探究課題の設定や解決を通して育成を目指す資質・能力について，どのような実態かを把握し，学習活動について生徒がどのような経験をもっているのかも明らかにしておく必要があります。

(3) 教材について

　学習を動機付け，方向付け，支える学習の素材について，教材の紹介にとどまらず，生徒がその教材によって学ぶ学習事項について分析し，教材のどこに価値があるのかを具体的に記すことが大切です。

4 単元の評価規準

　評価の観点を設定する際には，①総合的な学習の時間の目標を踏まえた観点，②育てようとする資質や能力及び態度を踏まえた観点，③教科との関連を明確にした観点などが考えられます。

5 指導計画・評価計画(○時間)

　記載項目は，学習過程(時間数)・活動内容・指導のポイント・関連する教科など。活動内容や時間数，学習環境をより具体的に記述するとともに，それぞれの活動における指導のポイントや関連する教科等の学習内容，評価の規準等についても示すことが求められます。

6　本時の学習活動　　※学習指導案に準じて作成します。

　(1)目標　(2) 展開

＊「今，求められる力を高める総合的な学習時間の展開」(平成22年11月文部科学省)を参考に筆者が作成。

グループワーク

① 単元の例を挙げて，どのような単元計画になるか，話し合ってみよう。

② 課題(テーマ)の中で，教科の学習と関連する例を話し合ってみよう。

・総合的な学習の時間の年間指導計画や単元計画を作成する際の基本は，どのような要件であったかを整理してみよう。

・生徒の主体的な学習と教師の指導性は，どのように関係しているかを説明してみよう。

第4章 指導の工夫

（4時間目）

事前の学修課題

○「横断的・総合的な学習」や「探究的な学習」とは，どのような学習なのか，目的や教育的意義，学習内容や方法について調べておこう。

○「主体的・対話的で深い学び」（アクティブ・ラーニング）とは，どのような学習活動なのかを調べておこう。

○自分の小・中学校，高等学校での総合的な学習（探究）の時間の中で，特色ある教育活動を紹介できるように用意しておこう。

本時の学修のねらい

☑「総合的な学習の時間」の学習活動の基本となる学習過程を理解する。

☑「総合的な学習の時間」における「主体的・対話的で深い学び」とは，どのような学習活動を行うことなのかを理解する。

☑「総合的な学習の時間」を「探究的な学習」とするため，学校や教師はどのような指導上の工夫を行っているかを理解する。

Ⅰ 総合的な学習の時間における学習指導の在り方

　本章では，「総合的な学習（探求）の時間」を「総合的な学習の時間」と表記します。

　総合的な学習の時間は，児童生徒（以下，本章では「生徒」）がこれまでの生活経験や学習を通して身に付けてきた見方や考え方を働かせて，「横断的・総合的な学習を行うことを通して，よりよく課題を解決し，自己の生き方を考えていくための資質・能力を育成する」ことを目標にしています。実際の教育活動においては，名称も含めて，各学校において目標，学習内容（探究課題）や学習活動の方法，形態，指導体制，評価などを実態に応じて定めて，実施することになっています。したがって，各学校においては，総合的な学習の時間の教育的意義を理解し，学習指導要領や同解説を参考として，生徒や学校，地域の実態を踏まえ，創意工夫を生かした教育活動とすることが求められます。

　総合的な学習の時間が誕生した平成10（1998）年当時は，学校が主体となって作成した学習内容や教材，学習指導計画により実施していた教科横断的な教育活動である「総合学習」との違いに戸惑ったり，中学校・高等学校において上級学校調べや進路説明会などの「進路指導」の時間に当てたり，学校行事（「勤労生産・奉仕的行事」のボランティア活動等）の事前活動として実施されるなど，本来の目的や教育的意義が十分に理解されずに学習活動が展開された経緯があります。

　総合的な学習の時間の学習指導は，目標や教育的意義を正しく理解し，生徒が

変化の激しいこれからの社会にたくましく生き抜いていく学びとなり，必要な資質・能力を身に付けていくことを基本に行わなければなりません。

Ⅱ 学習指導の基本的な考え方

中学校学習指導要領(平成29年告示)解説【総合的な学習の時間編】(以下，本章では「学習指導要領解説」)には，総合的な学習の時間における探究的な学習を進めるうえでの「学習指導の基本的な考え方」が示されています。

第一の基本として「生徒の主体性の重視」を挙げ，生徒の知的好奇心や課題発見，学ぶ意欲などの可能性を信じて，「学び手としての生徒の有能さを引き出し，生徒の発想を大切にし，育てる主体的，創造的な学習を展開すること」としています。

第二の基本として，「適切な指導の在り方」を挙げ，生徒の自発性と能動性を大切にしながらも，教師が学習の質を高めるような指導力をバランスよく発揮するように，「探究課題に対する考えを深め，資質・能力の育成につながるように，教師が適切な指導をすること」としています。

第三の基本として，「具体的で発展的な教材」を挙げ，学習の動機付けをしたり，日常生活や社会的な出来事などを取り上げたりするなど，「身近にある具体的な教材，発展的な展開が期待される教材を用意すること」としています。

総合的な学習の時間は生徒の主体性を重視する教育活動ですが，全てを生徒まかせにするのではなく，その学習が教育的意義をもち学習成果の質や効果を高めるために，学習の過程においては教師からの適切な指導や教材・資料・情報などの提供が必要であることは言うまでもありません。

Ⅲ 探究的な学習過程における「主体的・対話的で深い学び」

① 探究的な学習の過程

総合的な学習の時間を探究的な学習とするための学習過程として，学習指導要領解説では次のように示されています(表1参照)。この過程が繰り返されていくことによって，生徒の資質・能力の育成や向上が図られ，学習を高めていく上で重要であるとされています。

表1 探究学習の過程

> 【① 課題の設定】体験活動などを通して，課題を設定し課題意識をもつ
> ↓
> 【② 情報の収集】必要な情報を取り出したり収集したりする
> ↓
> 【③ 整理・分析】収集した情報を，整理したり分析したりして思考する
> ↓
> 【④ まとめ・表現】気付きや発見，自分の考えなどをまとめ，判断し，表現する

*中学校学習指導要領(平成29年告示)解説【総合的な学習の時間編】より。矢印は筆者付記。

② 探究的な学習過程における「主体的・対話的で深い学び」

(1)「主体的な学び」の視点

「主体的な学び」とは，「学習に積極的に取り組ませるだけでなく，学習後に自らの学びの成果や過程を振り返ることを通して，次の学びに主体的に取り組む態度を

育む学びである」と説明されています（学習指導要領解説）。

　実際の学習過程における主体性とは，学習の始めから最後までを生徒が自らの考えや行動により実行し，その成果や評価に対して責任をもつことです。探究的な学習の始まりは「課題の設定」ですから，生徒自身が身の回りや社会の出来事について，自分のこととして興味・関心をもった事柄の中から何を課題として選択し，どのような課題解決の成果を期待するかを明らかにすることです。興味・関心の高さや課題を解決したいという意識（必要感）を自らに問いかけることにより，これからの学習へのモチベーションが高まり，継続した学習とすることができます。

　「情報の収集⇒整理・分析⇒まとめ・表現」の過程においては，学習の見通しをもつことが主体的な学習を支えることになります。課題解決のために何をどのように進めればよいか，おそらくこのような成果が得られるだろうという見通しをもつことによって学習の進め方が確認でき，自信をもった取り組みとなります。また，学習過程での予想とは異なる結果などが生じた場合にも，自分の見通しを再確認し学習方法の修正などを行うことが大切となります。

　「学習のまとめ」の段階では，学習の成果や過程を振り返ることにより，自己の成長を確認したり，次の探究的な学習に向けた反省点・改善点などを明らかにしたりすることができます。その際，成果や課題を文章にしたりレポートを作成したり，また，口頭での報告をしたりすることにより，生徒が自分の考えを整理して深い理解を図ることが大切です。

(2)「対話的な学び」の視点

　「対話的な学び」とは，「他者との協働や外界との相互作用を通じて，自らの考えを広げ深めるような学びである」と説明されています（学習指導要領解説）。

　学習活動において対話や討論を行うことは，自己の知識理解や情報を多様化して理解の質を高めたり，他者と意見交換をすることによって自分の考えを整理したり，わかりやすく伝えるための技能を高めたりなど「考えるための技法」を身に付けることに役立ちます。探究的な学習においては，グループ内の対話的な活動は学習に向けた共通理解を図り，協働的な作業を円滑に行う上で有効な方法です。特に，総合的な学習の時間における探究的な学習では，学校内外の多様な人々との関りをもつ機会が多くなることもあり，「対話的な学び」は多様な他者とのコミュニケーションの取り方や学び方を身に付け，学習活動の活性化につなげていく上で重要です。なお，「対話的な学び」には，「自己の中での対話」「文献との対話」「ICT機器などでの対話」などの対話も考えられます。

(3)「深い学び」の視点

　「深い学び」については，「探究的な学習の過程を一層重視し，これまで以上に学習過程の質的向上を目指すことが求められる」と説明されています（学習指導要領解説）。

　総合的な学習の時間は，各教科等で身に付けた「知識及び技能」「思考力・判断力・表現力」を学習活動に活用する一方，その学習活動の過程や成果が各教科の学習を深めたり，教科を学習することの意味を理解したりするなど，双方向での関連が

理論・解説編

深まることで学びを深め，将来の人生や社会に生かしていくための生きてはたらく力，今後の学びに向かう力や人間性等の涵養につながると考えられます。

総合的な学習の時間では，「『横断的・総合的な学習』を『探究的な見方・考え方』をはたらかせて行うことを通して，よりよく課題を解決し，自己の生き方を考えていくための『資質・能力』を育成すること」（学習指導要領）を目指しています。また，「『探究的な見方・考え方』とは，各教科等における見方・考え方を総合的に活用するとともに，広範な事象を多様な角度から俯瞰して捉え，実社会・実生活の課題を探究し，自己の生き方を問い続けることである」と説明されています（学習指導要領解説）。したがって，実際の学習活動においては，「広範な事象」「実社会・実生活」から選択された課題を上記の「見方・考え方」を踏まえた「探究的な学習過程」を通して行うことになります。

総合的な学習の時間の学習活動は，各学校の実態に応じて多様であり，学習内容や活動には創意工夫の余地が大きいことが特質です。そのため，「学習指導要領」「第3 指導計画の作成と内容の取扱い」においては，配慮事項として様々な学習活動や具体的な学習方法，学習形態，関係機関・施設の活用などを含めた内容が示されています（表2 参照）。

また，指導方法や指導体制については学習指導要領解説に例示されています（次頁の表3 参照）。

各学校においては，これらの内容を参考にしながら学習活動を構想し，計画を立てて実行することになりますが，総合的な学習の時間が探究的な学習として展開できるように，学習過程においてポイントを押さえた指導を行うことが大切です。

表2　指導計画の作成と内容の取扱い　　＊中学校学習指導要領（平成29年告示）より。スミ網は筆者が付記。

(1) (略)

(2) 探究的な学習の過程においては，他者と協働して課題を解決しようとする学習活動や，言語により分析し，まとめたり表現したりするなどの学習活動が行われるようにすること。その際，例えば，比較する，分類する，関連付けるなどの考えるための技法が活用されるようにすること。

(3) 探究的な学習の過程においては，コンピュータや情報通信ネットワークなどを適切かつ効果的に活用して，情報を収集・整理・発信するなどの学習活動が行われるよう工夫すること。その際，情報や情報手段を主体的に選択し活用できるよう配慮すること。

(4) 自然体験や職場体験活動，ボランティア活動などの社会体験，ものづくり，生産活動などの体験活動，観察・実験，見学や調査，発表や討論などの学習活動を積極的に取り入れること。

(5) (略)

(6) グループ学習や異年齢集団による学習などの多様な学習形態，地域の人々の協力も得つつ，全教師が一体となって指導に当たるなどの指導体制について工夫を行うこと。

(7) 学校図書館の活用，他の学校との連携，公民館，図書館，博物館等の社会教育施設や社会教育関係団体等の各種団体との連携，地域の教材や学習環境の積極的な活用などの工夫を行うこと。

(8) 職業や自己の将来に関する学習を行う際には，探究的な学習に取り組むことを通して，自己を理解し，将来の生き方を考えるなどの学習活動が行われるようにすること。

理論・解説編

表3　指導方法と指導体制

指導方法	指導体制
・児童の課題意識を連続発展させる支援	・運営委員会における校内連絡調整と支援体制の確立
・個に応じた指導	・カリキュラム管理室を拠点とした情報の集積と活用
・諸感覚を駆使する体験活動の重視	・地域教育力の人材バンクへの登録と効果的な運用
・協働的な学習活動の充実	・ティーム・ティーチングの日常化
・教科との関連的な指導の重視	・ワークショップ研修の重視
・対話を中心とした個別支援の徹底	・担任以外の教職員による支援体制の樹立
・言語活動による体験と意味の自覚化	・メディアセンターとしての余裕教室の整備・充実など

＊小学校学習指導要領解説を基に筆者が作成。

① 探究的な学習における指導の工夫

　各学校の実態に応じて，探究的な学習として具現化するためには，学習過程において，教師からの指導や情報提供が必要です（学習指導要領解説）。

　「①課題の設定」では，生徒が実社会や実生活の中から課題意識をもち，連続して発展させていけるようにするため，人や社会，自然に直接関わる体験などで，学習対象との関り方や出合わせ方などについて教師の意図的な働きかけが重要です。

　「②情報の収集」では，生徒が観察，実験，見学，調査，探索，追体験などを行いますが，情報は多様であり学習活動によって変わったりすること，課題解決のための情報収集を自覚的に行うこと，収集した情報を適切な方法で蓄積することなどを指導することが重要です。

　「③ 整理・分析」では，収集した多様な情報を整理したり分析したりするに当たって，生徒が各教科で学習した成果を生かし，生徒自身が情報を吟味し，どのような方法で情報の整理や分析を行うか決定することが重要です。

　「④ まとめ・表現」では，相手意識や目的意識を明確にしてまとめたり表現したりすること，またそのことが情報を再構成したり，自分自身の考えや新たな課題を自覚したりすることにつながること，伝えるための具体的な方法などを身に付けるとともに，それを目的に応じて選択して使えるようにすることなどが重要です。

　それぞれの学習過程における活動例には，次頁の表4のようなものがあります。

② 他者と協働して主体的に取り組むための学習指導の工夫

　総合的な学習の時間の目標には，主体的に学ぶとともに，「協働的に取り組む」こともあります。協働的に学ぶことの意義には，「多様な情報の収集に触れること」「異なる視点から検討ができること」「地域の人と交流したり友達と一緒に学習したりすることが，相手意識を生み出したり，学習活動のパートナーとしての仲間意識を生み出したりすること」があり，ともに学ぶことが個人や集団の学習の質を高めることにつながるからです。

　したがって，情報交換をしながら学級全体で考えたり，話し合ったりするような「多様な情報を活用して協働的に学ぶ」場面を設定します。物事の決断や判断に関する話し合いや意見交換など「異なる視点から考え協働的に学ぶ」場面や，集団で取り組んだり，地域の人や専門家との交流などを含めた「力を合わせたり交流したりして協働的に学ぶ」場面などを適宜設けるなどの工夫を行い，「主体的かつ協働的に学ぶ」学習活動となるようにすることが大切です。

表4　学習過程と活動例

学習過程	活 動 例
1 課題の設定 体験活動などを通して，課題を設定し課題意識をもつ。	① 体験活動を対比して課題を設定する。 ② 資料を比較して課題を設定する。 ③ グラフの推移を予測して課題を設定する。 ④ 対象へのあこがれから課題を設定する。 ⑤ KJ 法的な手法で課題を設定する。 ⑥ 問題を序列化して課題を設定する。 ⑦ ウェビングでイメージを広げて課題を設定する。
2 情報の収集の事例 必要な情報を取り出したり収集したりする。	① アンケート調査で情報を収集する。 ② フリップボードで情報を収集する。 ③ インタビュー前にチェックリストで確認して情報を収集する。 ④ 図書室や図書館で情報を収集する。 ⑤ インターネットで情報を収集する。 ⑥ ファクシミリで情報を収集する。 ⑦ 手紙で情報を収集する。 ⑧ 電話で情報を収集する。 ⑨ 電子メールで情報を収集する。 ⑩ 実験・観察を通して必要な情報を収集する。 ⑪ ファイルに情報を集積する。 ⑫ 集めた情報をコンピュータフォルダに蓄積する。
3 整理・分析の事例 収集した情報を整理したり分析したりして思考する。	① カードで整理・分析する。 ② グラフで整理・分析する。 ③ マップで整理・分析する。 ④ 図等で整理・分析する。 ⑤ 座標軸の入ったワークシートで整理・分析する。 ⑥ メリット・デメリットの視点で整理・分析する。 ⑦ ベン図で整理・分析する。 ⑧ 「ビフォー・アフター」の視点で整理・分析する。 ⑨ ホワイトボードで整理・分析する。 ⑩ 集めた情報をランキング付けして整理・分析する。
4 まとめ・表現の事例 気付きや発見，自分の考えなどをまとめ，判断し，表現する。	① 振り返りカードでまとめ・表現する。 ② 保護者や地域住民などに報告する。 ③ 自己評価カードを活用してまとめ・表現する。 ④ プレゼンテーションでまとめ・表現する。 ⑤ 新聞でまとめ・表現する。 ⑥ レポートでまとめ・表現する。 ⑦ パンフレットでまとめ・表現する。 ⑧ ポスターでまとめ・表現する。 ⑨ パネルディスカッションでまとめ・表現する。 ⑩ シンポジウムでまとめ・表現する。

※「今，求められる力を高める総合的な学習の時間の展開」（平成 22 年 11 月文部科学省 ）より。

グループワーク

① 活動例を参考にして，自分の体験した活動を発表してみよう。

② 教科における「主体的・対話的で深い学び」の例を話し合ってみよう。

 振り返り
・総合的な学習の時間における探究的な学習の過程が「①課題の設定」「②情報の収集」「③整理・分析」「④まとめ・表現」であることを理解しよう。

・探究的な学習の過程における「主体的・対話的で深い学び」とは，具体的にどのような学習活動を行うことかを説明してみよう。

第5章 評価の在り方 （5時間目）

> **事前の学修課題**
> ○ あなた自身の総合的な学習の時間の評価がどのようにされたか，自分の通知表を読み返してみよう。
> ○ 総合的な学習の時間の評価の方法には，どのような方法があるか考えてみよう。
> ○ あなた自身が総合的な学習の時間で身に付けたことを挙げてみよう。

本時の学修のねらい

☑ 総合的な学習の時間における指導と評価の一体化について理解する。
☑ 児童生徒の学習状況の評価の多様な方法と留意点を考える。
☑ 総合的な学習の時間における評価の観点と規準の設定の仕方を理解する。
☑ 学習計画や指導方法の評価について考える。

Ⅰ 総合的な学習の時間の評価の意義

評価には，児童生徒がどの程度目標について実現しているのかという状況を把握することと，教師の学習指導や各学校が作成した指導計画が目標を達成するために改善する必要があるのかを評価する二つの面があります。

児童生徒の学習状況の評価については，該当する学習の趣旨やねらいの特質が生かされるように，多様な評価方法を組み合わせて行います。その際，数値的な評価ではなく，活動や学習の状況，学習の過程で作成された作品やその成果の発表などにおいてよい点や進捗，成長した事柄を所見で記述します。観点の設定に当たっては，学習指導要領に示されている目標や各校の目標及び内容に合わせた観点を設定します。

教師の学習指導の評価では，総合的な学習の時間において，児童生徒に育てたい力が育まれているかを評価することで，指導の改善を図ることができます。総合的な学習の時間における学習活動は，各学校において児童生徒の実態に応じて設定されるもので，その活動の評価とその結果による改善を常に行っていくことが大切です。

学習状況の評価　学びを支える二つの評価　指導の評価

① 指導と評価の一体化

　本書の第1章で学んだように，総合的な学習の時間は各学校において，育てたい力や取り組む学習活動や内容を児童生徒の実態を基に明確に定めて実施します。したがって，育てようとする資質や能力，態度も違いますから，評価についても各学校が評価の規準を設定して，児童生徒の学習状況を適切に評価していきます。同じような活動でも，学校によって育てたい力やねらいが変わるので評価も変わります。

　例えば，地域の方との交流活動を行っている場合でも，地域の一員として貢献する態度を育てることをねらいとする場合と地域の中で興味をもったことを調べる力を育てることをねらいとする場合では，指導の内容も評価も違ってきます。どのような力を付けさせようとして指導を行ったかによって評価が変わることで，児童生徒は自分の学習状況を適切に把握できます。また，指導者側にとっては，計画した活動がねらいとした力を付けさせるのに適切であったかどうかを振り返り，授業改善を進めることにもつながります。

② 評価の観点と趣旨

　これまで総合的な学習の時間の評価の観点は，文部科学省より「小学校，中学校，高等学校及び特別支援学校等における児童生徒の学習評価及び指導要録の改善等について（通知）」（平成22年5月11日）によって示された例示を参考に，各校で設定して取り組んできました。

　現在の学習指導要領では，各教科等と同じように目標や内容が「知識及び技能」「思考力，判断力，表現力等」「学びに向かう力，人間性等」の三つの柱で示されました。これに伴って，評価の観点についても，指導と評価の一体化を行うことから「知識・技能」「思考・判断・表現」「主体的に学習に取り組む態度」の三つが「小学校，中学校，高等学校及び特別支援学校等における児童生徒の学習評価及び指導要録の改善等について（通知）」（平成31年3月29日）により示されました。そこで，ここでは小学校を例に，総合的な学習の時間の第1の目標と評価の観点及びその趣旨の関係を見ると次のようになります。

総合的な学習の時間　第1の目標		観点	趣旨
探究的な見方・考え方を働かせ，横断的・総合的な学習を行うことを通して，よりよく課題を解決し，自己の生き方を考えていくための資質・能力を次のとおり育成することを目指す。 (1) 探究的な学習の過程において，課題の解決に必要な知識及び技能を身に付け，課題に関わる概念を形成し，探究的な学習のよさを理解するようにする。	▷	知識・技能	探究的な学習の過程において，課題の解決に必要な知識や技能を身に付け，課題に関わる概念を形成し，探究的な学習のよさを理解している。
(2) 実社会や実生活の中から問いを見いだし，自分で課題を立て，情報を集め，整理・分析して，まとめ・表現することができるようにする。	▷	思考・判断・表現	実社会や実生活の中から問いを見いだし，自分で課題を立て，情報を集め，整理・分析して，まとめ・表現している。
(3) 探究的な学習に主体的・協働的に取り組むとともに，互いのよさを生かしながら，積極的に社会に参画しようとする態度を養う。	▷	主体的に学習に取り組む態度	探究的な学習に主体的・協働的に取り組もうとしているとともに，互いのよさを生かしながら，積極的に社会に参画しようとしている。

※小学校学習指導要領（平成29年告示）解説【総合的な学習の時間編】より一部抜粋。

(1)知識・技能

　これは，総合な学習の時間の第1の目標の(1)に関わる評価です。児童生徒は，問題について探究していく過程で教科等の枠組みの中だけでは解決できないことや様々な要素が絡み合った問題があることに気付き，その状況を理解します。そこで，これまでそれぞれの教科や日常の生活の中で付けた力を結び付けたり，必要な力を選択したりします。総合的な学習の時間の活動を通して，実社会の中における課題を解決していくことに活用できる知識・技能となっていきます。

　知識・技能は，探究的な学習過程を通しての知識及び技能の習得状況について評価を行います。また，これまで獲得した知識及び技能を選択したり，関連付けたり活用したりする中で，他の学習や生活の中でも活用できる程度に概念を理解したり，技能を習得したりしているかについて評価します。

(2)思考・判断・表現

　これは，総合な学習の時間の第1の目標の(2)に関わる評価です。実社会や実生活から探究する「問いを見いだす→課題を設定する→情報を集め，整理・分類する→まとめ・表現する」という力が探究的な学習を進めていくには必要な力です。具体的には，身に付けた知識・技能を組み合わせたり，必要な状況に合わせて活用できるようにしたりするなど，これまで経験していない状況でも活用する力です。

　また，これまで身に付けた言語能力や情報活用能力，つまり，どの教科や生活においても基礎になる力や解決に向けての方法を，課題や状況に応じて活用できるようにしていくことも思考力，判断力，表現力の具体的なものです。各教科で学んだことを実社会や実生活において使える力にしていくのです。

　思考・判断・表現は，各教科等の知識及び技能を活用して課題を解決するために必要な思考力，判断力，表現力等を身に付けているかについて評価します。

(3)主体的に学習に取り組む態度

　これは，総合な学習の時間の第1の目標の(3)に関わる評価です。探究的な学習過程においては学習者自身が身近な人々や社会，自然に興味・関心をもち意欲的に関わろうとする主体的な態度が必要です。また，他の人と活動を行う中で違う考えを生かし，新しい知識・技能を作り出そうとする協働的な態度も大切です。

　主体的に学習に取り組む態度の評価は，知識・技能を獲得したり，思考力，判断力，表現力等を身に付けたりするために自らの意志で学習を計画的に推し進めているかについて評価します。また，他の人からの意見や情報を基によりよいものに調整しようとしているかどうかも含めて評価します。

　なお，平成20年度改訂・小学校学習指導要領解説【総合的な学習の時間編】では，育てようとする資質や能力及び態度の視点として，「学習方法に関すること」「自分自身に関すること」「他者や社会とのかかわりに関すること」の三つが例示されていました。これを今後の評価活動では，「学習方法に関すること」は「思考・判断・表現」の観点に，また，「自分自身に関すること」「他者や社会とのかかわりに関すること」は，「主体的に学習に取り組む態度」の観点において評価していくことになります。

前掲の平成 31 年 3 月 29 日文部科学省からの「小学校，中学校，高等学校及び特別支援学校等における児童生徒の学習評価及び指導要録の改善等について（通知）」には，学習評価について，学期末や学年末などの事後での評価に終始してしまうことが多く，評価の結果が児童生徒の具体的な学習改善につながっていないことや，教師によって評価の方針が異なり，学習改善につなげにくいことが課題として示されています。

　総合的な学習の時間の評価は，見取る資質・能力が一面的なものではありません。また，適切な評価により，児童生徒は自分の学習状況を適切に理解し一人ひとりの成長につながります。児童生徒が何を学び取っているのかを，多様な評価と学習過程の評価を意識して行い，それを指導に役立てることが重要です。評価の方法として次のようなものが考えられます。

方法	内容・特徴	留意点
観察	総合的な学習の時間の評価方法として多く用いられる。発表や話合いの様子，学習や活動の状況などを観察に基づき評価する。児童生徒の様相やエピソードなどを記録し，情報を蓄積して評価の資料とする。 　児童生徒の制作物だけからは見取れない学習の過程を評価できるとともに，十分でない状況だったときにはすぐに指導に生かせることから指導と評価の一体化にもつなげられる。	教師自身が児童生徒の活動の様子を見取る力を磨くとともに，評価を行う際の視点を明確にしたり，児童の行動を総合的に理解し，その状況を観点に照らして分析したりする。
制作物等	レポート，ワークシート，ノート，作文及び絵などの制作物（結果）並びにその制作過程を通して評価する。 　活動後に評価できるので，児童生徒の一人ひとりの興味・関心，発想や気付きなど，こだわりや学びの過程を評価することができる。 　一人ひとりの評価が行えるため，個人内評価として生かすこともできる。	制作の過程での学習の様子を見取ったり，結果を累積したりして，複数の情報から進歩の状況を的確に把握できるよう工夫し，評価に客観性をもたせるようにすることが求められる。
ポートフォリオ	活動計画表や自己評価の記録，取材メモや感想，教師や友達，保護者や地域の人のコメント，写真や報告書などを資料として児童生徒が主体的・計画的に集積したポートフォリオにより評価する。 　学習過程に沿って資料が集積されるので，問題解決や探究の過程を詳しく把握することができるほか，児童生徒自身が振り返りの機会に思いや考えを整理したり，解決の見通しをもったりすることができる。	ただの集積物にならないよう，資料の並べ替えや取捨選択などをして整理することや，振り返るための活用の仕方を指導する。
パフォーマンス	ウェビング，成果をまとめたレポートやポスター，発表やインタビューなど身に付けた力を複合的に活用する姿を見取る評価。 　児童生徒の考え方や作り出した作品や解決する姿などから，個性や独創性を評価し，認めることができる。また，問題解決や探究の過程に必要な知識・技能について評価することもできる。	身に付けた力を発揮し学習活動に取り組む児童生徒の姿について，おおよそ満足できる状況を具体的にイメージしておく必要がある。 　その学習において育もうとする資質・能力が発揮された具体的な児童生徒の様相を想定しておくことが求められる。

自己評価や相互評価	自己評価とは，評価カードや学習記録などから，児童生徒が自らの学習の状況を振り返ることによる評価。自己評価により，できるようになったことを明確につかみ，自己の高まりや成長を実感させることができる。 　また，相互評価とは，児童生徒が互いの学習状況を評価し合うものである。他の人からの評価と，自己評価とを比べることを通し，適切な自己評価ができる自己評価能力や他の人からの評価を受けとめる力の育成にもつながる。	自己評価と互いの評価を確認し合う相互評価を組み入れることや，自己評価カードや振り返りカードに記述するだけでなく，授業中の発言やノートから自己の学習状況を確認し，その後の学習の見通しを自分で考えられるようにする。
他者評価	教師や地域の人々などによる評価。自己評価と比較することを通して，自己評価を客観的に捉えさせたり，教師以外の方からも評価をいただくことで，児童生徒の学習状況が多面的に捉えられることにより教師が気付かなかった点を補ったりすることができる。 　また，他者からのよい評価が児童生徒への励ましとなり，成就感や自己肯定感にもつながることが期待できる。	評価者に対して，学習活動の趣旨やねらいなどを事前に伝え，学校との共通理解を得ておく必要がある。 　そのためにも，地域の人々や保護者等に評価をしていただく場合には，どの機会にどのような方法で評価してもらうかを明確にした評価計画を立てておく。

※小学校学習指導要領(平成29年告示)解説【総合的な学習の時間編】及び「今，求められる力を高める総合的な学習の時間の展開(小学校編)」を基に筆者が表を作成。)

④ 評価規準の設定と単元の評価　　総合的な学習の時間の単元は，一定の期間で取り扱うことにより，学習活動やそこで学ぶ内容に応じ，どの場面で，どのように評価するのかを考えておく必要があります。

　　学習活動を通して育てようとする資質・能力が育まれ，内容が学ばれているのかを児童生徒の学習状況から見取り，その評価を指導や学習の改善につなげるためには，単元計画に指導と評価の計画を立てておくことが重要です。単元の評価規準は，評価の観点を基に，単元の目標や内容，育てようとする資質・能力を踏まえて設定します。

　　単元の学習活動を通して，どのような力が身に付いたのかを児童生徒の学習状況から適切に把握するために，単元の評価規準では，児童生徒が取り組む学習活動との関連において，それぞれの場面において児童生徒に期待される学習の姿を想定し，具体的に示します。学習活動のどの場面で，何について，どのような方法で評価するのかを明確にするために，単元の指導計画に評価の欄を設け，学習活動の展開に沿って明示するなどします(第6章の実践事例・指導計画参照)。

第5章　総合的な学習の時間の構造イメージ（小学校）

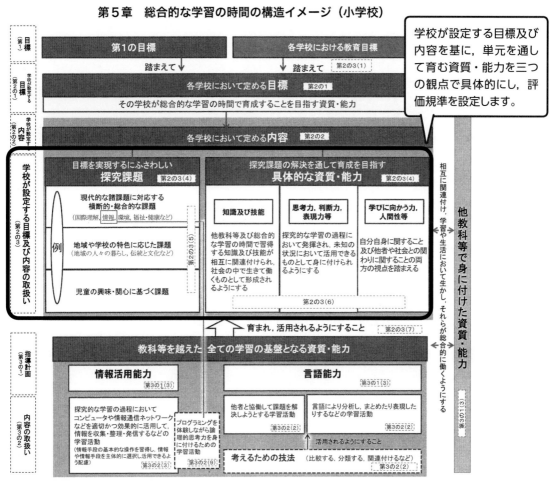

※小学校学習指導要領（平成29年告示）解説【総合的な学習の時間編】より。

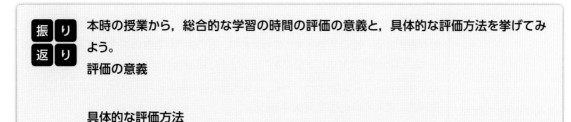

グループワーク

①同じ活動をしていても，育む資質・能力の違いによってどのように評価が変わるかを話し合ってみ
　よう。

②具体的な活動を想定して，どのような場面でどのような評価を行えば「適切な評価」となるか考え
　てみよう。

振り返り　本時の授業から，総合的な学習の時間の評価の意義と，具体的な評価方法を挙げてみ
　よう。

評価の意義

具体的な評価方法

ここでは，指導法についての理論と解説を踏まえ，第6章で実践事例の解説，第7章で小・中学校，高等学校の具体的な実践事例を掲載しました。校種別の見方と校種間の接続について学んでください。

第6章　実践事例とその解説（小学校）現代的な諸課題（情報）

【探究課題の位置付け】
〇本実践は，現代的な諸課題の一つである「情報」に対応したものを課題として設定している。
【単元名】
ミッション　生活向上プログラムを開発しよう

本時の学修のねらい

☑・第1〜5章で学修してきたことを，事例で理解することができる。

Ⅰ　本事例の概要

　　　　小学校プログラミング教育の導入は，学習指導要領の改訂に向けた議論の中で検討されました。この議論では，将来の予測が難しい社会においては，情報や情報技術を主体的に活用していく力や，情報技術を手段として活用していく力が重要であると指摘されています。

> 　将来の予測が難しい社会においては，情報や情報技術を受け身で捉えるのではなく，手段として活用していく力が求められる。未来を拓（ひら）いていく子供たちには，情報を主体的に捉えながら，何が重要かを主体的に考え，見いだした情報を活用しながら他者と協働し，新たな価値の創造に挑んでいくことがますます重要になってくる。*1

　その上で，学習指導要領総則にはプログラミング教育で育成する資質・能力が示されています。

> 　【知識・技能】(小)身近な生活でコンピュータが活用されていることや，問題の解決には必要な手順があることに気付くこと。
> 　【思考力・判断力・表現力等】発達の段階に即して，「プログラミング的思考」（自分が意図する一連の活動を実行するために，どのような動きの組合せが必要であり，一つ一つの動きに対応した記号を，どのように組み合わせたらいいのか，記号の組合せをどのように改善していけば，より意図した活動に近づくのか，といったことを論理的に考えていく力）を育成すること。
> 　【学びに向かう力・人間性等】発達の段階に即して，コンピュータの働きを，よりよい人生や社会づくりに生かそうとする態度を涵養すること。*2

*1／中央教育審議会「幼稚園，小学校，中学校，高等学校及び特別支援学校の学習指導要領等の改善及び必要な方策等について（答申）」(平成28年12月21日)（第5章-4から抜粋）。

*2／小学校学習指導要領解説【総則編】(平成29年6月21日)（筆者一部改）。

実践事例編

本事例ではコンピュータを扱うことが目的ではなく，私たちの生活の変化に科学技術が関わっていることを学び，論理的に物事を考える力を育てることを目的としています。そのために，「プログラミングについて知る」→「プログラミングを使ってみる」→「よりよい生活を考える」という内容の探究のプロセスを3回繰り返す中で，自分の学習や生活の在り方をプログラミングの手法を用いて考えさせるようにしています。また，他の児童ともプログラミングという共通の手法を用いて考えることを通して，コミュニケーションを図ることもねらっています。

Ⅱ 単元の指導計画

A 小学校　5学年　総合的な学習の時間指導案
1　単元名　「ミッション　生活向上プログラムを開発しよう」（全22時間）　＊3
2　目標
（1）A 小学校の総合的な学習の時間の目標

【第1の目標】＊4 （学習指導要領第5章第1に示された総合的な学習の時間の目標）	【A 小学校の教育目標】＊5 〇まなびつづける子 〇思いやりのある子 〇たくましい子

⬇　　　　　　　　　　⬇

【A 小学校が設定する目標】　＊6
　探究的な見方・考え方を働かせ，これまでの生活を振り返り，プログラミングの考え方を活用して，よりよい自分の学びや生活を向上させようとする思いをもつとともに，友達の考えにも共感し（＝思いやりのある子），その実現に向けて考え（＝まなび続ける子），行動し続ける（＝たくましい子）ことができるようにする。

【知識・理解】	【思考力・判断力・表現力等】	【主体的に学習に取り組む態度】
探究的な学習の過程において，課題の解決に必要な知識及び技能を身に付けるとともに，プログラミングについて知り，その活用が身の回りの学習や生活をよりよくする手段として活用できることを理解できるようにする。また，フローチャート図などを活用し考え方を出し合うことで，様々な人の考えが共有できることを理解する。	自分の学習や生活をよりよくすることに向けて課題を把握したり，収集した情報を基に課題に沿って整理・分析したりして，目的や相手を意識しながら表現することができる。	自らの生活の向上に意欲をもち，その実現に向けて主体的・協働的に取り組む中で，学んだ内容や自分の考えのよさに気付き，それを生かして実際の生活を豊かにしていこうとする態度を育てる。

（2）単元の目標　＊7
　身の回りの技術革新に目を向け，プログラミングについて知るとともに，自分の学習や生活に活用することについて考え，自分の思いとともに友達の考えにも共感することで自分の考えに生かすようにする。また，自分なりの方法で調べ，整理・まとめることで，自分の学習や生活についてよりよく改善しようとする態度を育てる。

*3／単元名については，どのような学習が展開されるのかを端的に表したものにします。
具体的には，次の2点を考えて単元名を設定します。
〇児童がイメージしやすいもの
〇学習の高まりや目的がわかるもの

*4／目標　総合的な学習の時間の目標（第1の目標）。
横断的・総合的な学習を通して，自ら課題を見つけ，自ら学び，自ら考え，主体的に判断し，よりよく問題を解決する資質や能力を育成するとともに，学び方やものの考え方を身に付け，問題の解決や探究活動に主体的・創造的・協力的に取り組む態度を育て，自己の生き方を考えることができるようにする。

*5／各学校が総合的な学習の時間の目標を設定する際には，学校の教育目標との関連も図ります。

*6／各学校が総合的な学習の時間の学習で，児童にどのような資質・能力を育成するかを明確にします。

*7／単元の目標 どのような学習を通し、児童にどのような資質・能力をつけていくか明確に示します。

*8／単元の内容 各学校が定める目標を受けて設定する内容の「目標を実現するにふさわしい探究課題」は、右記の三つの要件を満たすことが必要です（小学校学習指導要領解説P69～73）。それぞれの要件を満たすために、その単元をどのように工夫したかを記しています。

3　単元の内容（内容の構成）　＊8

(1)目標を実現するにふさわしい課題

要件①　探究的な見方・考え方を働かせて学習することがふさわしい課題であること⇒四つの探究のプロセスを3回繰り返し、課題に迫っていく。

要件②　その課題をめぐって展開される学習が、横断的・総合的な学習としての性格をもつこと⇒家庭科の調理実習の単元や特別活動と横断的・総合的に関わっている。また、自らの学習や生活の在り方を考えさせることで、教科等と往還しながら学習を進めることができる。

要件③　その課題を学ぶことにより、よりよく課題を解決し、自己の生き方を考えていくことに結びついていくような資質・能力の育成が見込めること⇒日常の清掃などの当番活動や委員会・クラブ活動など自分たちの発意発想を生かす活動を主体的に進める際に活用できるようにする。よりよい自己の生き方に結びつけることができる。

(2)本単元の探究課題と探究課題を解決することを通して育成する資質・能力

*9-1／各学校が定める目標に示した資質・能力を探究課題に即して具体的に記したものです。

*9-2／これまでの学習指導要領の学習方法に関することを含めて記述します。
*9-3／これまでの学習指導要領の自分自身に関わることや、他者や社会との関わりに関することを含めて記述します。

本単元の探究課題 ・ プログラミング活用の意義 ・ 自分の生活向上への意欲		
【知識・技能】 ＊9-1 ・ 身の回りの技術について知るとともに、プログラミングについて理解している。 ・ プログラミングを手法として活用することのよさについて理解している。	【思考力・判断力・表現力等】＊9-2 ・ 自分の将来の夢に向けて、今できることは何かについて考え、まとめたり、発表したりしている。 ・ これまでの体験、図書資料やインターネットの活用、インタビュー、職場訪問など様々な方法で自分の調べたことを整理・分析する。 ・ 自分の将来や生き方について、考えたことを基に発表する。	【主体的に学習に取り組む態度】＊9-3 ・ これまで成長してきた現在の自分とこれからの自分の生活を関連付けて考え、生活しようとしている。 ・ 調べたり、友達の考えを聞いたりしながら、働くことへの認識を広げようとしている。 ・ 友達と交流し、考えたことを伝えたり助言しようとしたりしている。

*10／三つの観点に即して評価を行います。「知識・技能」の観点では、探究的に学ぶよさの理解についても評価します。

4　評価規準　＊10

①知識・技能	②思考力・判断力・表現力等	③主体的に学習に取り組む態度
ア　身の回りで活用されている技術について知るとともに、プログラミングをすることができる。 イ　調べたり、友達の考えを聞いたりしながら、プログラミングを共通理解の手段として活用する。 ウ　プログラミングの手法を用いることで日常の活動の振り返りやよりよい方法を考えられるよさを理解している。	ア　自分が行いたいことについて考え、実現に向かってプログラミングをしている。 イ　今の自分の学習や生活をよりよくするために、今何ができるのかを考え、まとめたり発表したりしている。	ア　プログラミングについて人に聞いたり、相談したりしながら、調べようとしている。 イ　よりよい活動の在り方について、友達の考えを参考にしたり、助言したりしている。

5　各教科との関連　*11

教科等	単元	本単元との関連
国語	ニュースづくりの現場から「工夫して発信しよう」	話し方を工夫し、資料を示してスピーチをする。【国 - 1】
	宇宙人からのメッセージ「どんなときに誰に」	場面や相手に応じて、適切な表現で書いたり、話したりする。【国 - 2】
算数	仮分数や帯分数の足し算　倍数と約数　など	問題の解き方を順序立てて考える。
家庭科	ごはんとみそ汁を作ってみよう	調理の手順を考える。【家 - 1】
	身の回りの汚れを調べてみよう	汚れや場所にあった掃除をする。【家 - 2】
特別活動	学級活動(2)「クリーンアップ大作戦」	清掃の仕方について工夫することを通して、自分の役割をよりよく果たそうとする態度を育てる。
	委員会活動	当番的活動と創意工夫した活動を行い、責任感と仕事へのやりがいを醸成する。
	クラブ活動	クラブ活動の運営を行う中で、自分たちの役割をよりよく遂行する方法を考える。

6　児童の実態　*12

　パソコンやタブレット、ゲーム機器など、身の回りにある技術について、普段何気なく利用しているが、その仕組みや考え方について疑問をもったり、調べようとしたりしている児童はほとんどいない。また、プログラミングについては個人差があり、まったく知識・技能をもっていない児童がほとんどである。

　プログラミングについて学び、その活用を図ることで、これまでの自分の学習や生活での活動を振り返り、よりよい生活の在り方を考える機会とすることができる。友達とともに、よりより生活に向け考える機会を設定することで、主体的に問題を解決する力を身に付けさせる必要がある。

7　教材について　*13

　本単元での探究的な学習を通し、身近な技術を支えるプログラミングについて理解するとともに、思考の整理・他者とのコミュニケーション・新しい発想を整理する手法として用いることができ、自らのよりよい生き方に活用できるようにさせたい。また、よりよい活動を主体的に考え、実践に生かす態度を育てる単元としたい。

　探究のプロセスを3回行い、それぞれのプロセスの目的を「プログラミングについて知る」→「プログラミングを使ってみる」→「よりよい生活を考える」とし、活動の目的や内容、方法を実際の活動や友達との意見交流を行うことで個々に明確にさせる。それにより、児童の本単元に対する活動意欲を継続的に高めたい。また、教科においては家庭科の調理の単元、算数の分数及び、倍数と約数の単元で活用することで、効果を実感させるとともに、特別活動との関連を図ることで、本単元で付けた力を具体的に発揮できる場を設定し、当事者意識をもち学習に取り組ませたいと考えた。

*14／課題の設定→情報の収集→整理・分析→まとめ・表現の探究のプロセスを繰り返し、学習を深めていくようにします。

探究的な学習における児童の学習の姿　＊14

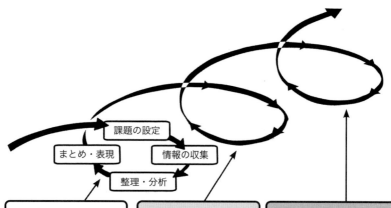

課題の設定

まとめ・表現　　情報の収集

整理・分析

1 プログラミングをしてみよう	2 プログラミングで問題解決をしよう	3 生活向上プログラムを開発しよう
子供向けのビジュアルプログラミング言語【Scratch（スクラッチ）】を用いてプログラミングをすることを通し、プログラミングの基本を知る。	家庭科調理実習の計画（段取り）と算数の問題の解き方をプログラミングし、実践することで、プログラミングが学習や生活に生かせることを理解する。	自分の学習や生活から、課題を発見し、プログラミングを使ってよりよい方法を考えて、発信する。 例…「教室掃除効率化大作戦」 「○○クラブだれでもできる運営計画」 「忘れ物0運動」　　など

*15／学習指導計画 単元の学習を通して、どのように資質・能力を育成するのかを明確化し、児童の興味・関心が探究的な学習活動につながるように構想します。時数や評価、他の教科等との関連も明確にしておきます。

*16／学習過程 探究的な学習過程は、課題設定→情報の収集→整理・分析→まとめ・表現のタテの流れを基本とします。
1　プログラミングをしてみよう、2　プログラミングで問題解決をしよう、3　生活向上プログラムを開発しよう、と進めながら探究の解決に向かうようにします。

8　学習指導計画　＊15

学習過程　＊16	1 プログラミングをしてみよう （6時間）	2 プログラミングで問題解決をしよう （8時間＋家庭科実習＋算数）	3 生活向上プログラムを開発しよう （8時間）
課題設定	○身の回りで使われている技術に関心をもち、プログラミングについて知る。（1時間） ・身の回りには様々な技術が使われていること、プログラミングの3要素「順次・反復・分岐」について理解する。（1時間）	○プログラミングが実際の授業で活用できるよう考える。（1時間） ・プログラミングに対する意識や習熟は個人差があると考えられるので、前時で児童が作成したウェビングマップなどを活用し実態を把握する。	○自分たちの学習や生活を向上させるために、プログラミングをどう活用できるか話し合う。（1時間） ・課題は一人ひとり違っても、そこに向かって成長することの必要性はみな同じであることを確認する。
評価の観点と視点各教科との関連	【①-ア】 【特】	【①-ウ】	【①-ウ】 【特】【その他自分で選んだ教科等】

情報収集	○プログラミングの三つの要素について知り，スクラッチでできることを調べる。（1時間） ・プログラミングの具体的な命令について調べさせ，組み合わせるとどのような動きができるか考えさせる。 ・調べ方を友達と話し合い，考えを共有しながら調べる計画を立てることを促す。 ・いつでも振り返ることができるよう，調べたことをメモしたものをポートフォリオ化して掲示しておく。	○みそ汁の作り方や算数の問題の解き方について調べる。（2時間） ・児童だけでは調べる範囲が十分でないことを考え，参考になる教科書のページや資料を探し，必要に応じて児童に紹介する。 ・作る手順や問題の解き方だけでなく，それが順次（上から処理を実行）・反復（処理を繰り返す）・分岐（条件によって処理を変える）のどれに当たるのかを考えながら調べる。	○今よりもよりよくするために，身近な人から課題や期待することを取材する。（1時間） ・身の回りの課題について友達，家族，教員など，いろいろ視点を変えながら取材したり，考えたりするよう促す。
評価の観点と視点 各教科との関連	【②-ア】	【③-ア】 【算】【家-1】	【②-イ】 【国-2】
整理・分析	○意図している動きを実現させるため，命令の組み合わせを考え，スクラッチのプログラミングをする。（2時間） ・自分の想定する動きが実行できるプログラミングを行う。 ・友達と自分のよい点を比べながら，話したり，聞いたりするように助言する。	○友達と情報交換し，みそ汁の作り方や算数の問題の解き方をプログラミングで整理・分析し，作業や思考の行程をまとめる。（3時間） ・自分で聞いたり，調べたりした手順や問題の解き方について友達と交流し，伝えたいことを整理する。 ・調べたことをもとにフローチャートを作る。 ○家庭科・算数の授業で実践する。（他教科の時間）	○課題や期待することを取材したことをもとに，よりよい学習や生活の仕方についてどのように実現させていくかを考え，具体的方法をプログラミングする。（4時間） ・課題解決の具体的方法をフローチャートとして作成する。
評価の観点と視点 各教科との関連	【②-ア】	【①-ア】 【国-1】【算】【家-1】	【②-ア】 【特】【自分で選んだ教科等】
まとめ・表現	○自分の組んだプログラムについて互いに伝えあい，プログラミングのよさについてまとめる。（2時間） ・自分の考えを実際のプログラムを実行させながら伝える。 ・この後の展開の考える場面で利用できるようKJ法やウェビングマップ等後で書き足していける方法について提示する。	○プログラミングの考え方を使うよさについて話し合い，友達の意見を参考にしながら考えをまとめる。（2時間） ・1次の「成長」についてもまとめを改めて見直し，必要に応じて加筆を促す。プログラミングが学習や生活について考える手法となることを確かめる。	○これまで調べたり，考えたりしたことを資料にまとめ「生活向上プログラム発表会」を行い，学習を振り返る。（2時間） ・課題解決の方法について，フローチャートを使って伝える。 ・これからの行事や現実の生活の中でも発揮できることについて確かめる。
評価の観点と視点 各教科との関連	【③-イ】 【国-2】	【①-ウ】 【国-2】	【②-イ】 【国-1】【特】【家-2】

グループワーク

①これまで自分が学んだ総合的な学習の時間の内容の位置づけについて，本章を参考に考えよう。

②上の内容について，他の教科等とどのように関連するかを考えよう。

 振り返り　指導案を作成するときのポイントを箇条書きで挙げてみよう。

第6章　実践事例とその解説（中学校）職業や自己の将来に関する課題

【研究課題の位置付け】
○本実践の探究課題は，中学校の実態に応じて設定する課題の一つである「職業や自己の将来に関する課題」に対応したものである。
【単元名】
働くことの意義を知り，自らの将来について考えよう

本時の学修のねらい

☑・第1～5章で学修してきたことを，事例の中で理解することができる。

Ⅰ　本事例の概要

　　　　キャリア教育については，子どもたちに将来，社会や職業で必要となる資質・能力を育むためには，学校で学ぶことと社会との接続を意識させ，一人ひとりの社会的・職業的自立に向けて必要な基盤となる資質・能力を育み，キャリア発達を促すキャリア教育の視点の重要性が指摘されています。

> 　キャリア教育を効果的に展開していくためには，教育課程全体を通じて必要な資質・能力の育成を図っていく取組が重要になる。小・中学校では，特別活動の学級活動を中核としながら，総合的な学習の時間や学校行事，特別の教科　道徳や各教科における学習，個別指導としての進路相談等の機会を生かしつつ，学校の教育活動全体を通じて行うことが求められる。　　*1

*1・2／中央教育審議会「幼稚園，小学校，中学校，高等学校及び特別支援学校の学習指導要領等の改善及び必要な方策等について（答申）」（平成28年12月21日）より抜粋。

　　　　しかし，一方で次のような課題も指摘されています。

> 　職場体験のみをもってキャリア教育を行ったものとしているのではないか，社会への接続を考慮せず，次の学校段階への進学のみを見据えた指導を行っているのではないか，職業を通じて未来の社会を創り上げていくという視点に乏しく，特定の既存組織のこれまでの在り方を前提に指導が行われているのではないか，といった課題も指摘されている。また，将来の夢を描くことばかりに力点が置かれ，「働くこと」の現実や必要な資質・能力の育成につなげていく指導が軽視されていたりするのではないか，といった指摘もある。　　*2

　　　　また，中学校学習指導要領（平成29年告示）解説【総合的な学習の時間編】（本章では以下「学習指導要領解説」）の，内容の取り扱いについての配慮事項には次のように示されています。

> 　自然体験や職場体験活動，ボランティア活動などの社会体験，ものづくり，生産活動などの体験活動，観察・実験，見学や調査，発表や討論などの学習活動を積極的に取り入れること。
> 　総合的な学習の時間で重視する体験活動は，実社会・実生活の事物や事象に自ら働きかけ，実感をもってかかわっていく活動である。

　本事例は，学習指導要領解説に例示された課題の一つである「職業や自己の将来に関する課題　①職業の選択と社会への貢献（職業），②働くことの意味や働く人の夢や願い（勤労）など」に位置付けた活動です。

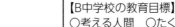

*3／単元名については，どのような学習が展開されるのかを端的に表したものにします。
具体的には次の2点を考えて単元名を設定します。
○生徒がイメージしやすいもの
○学習の高まりや目的がわかるもの

*4／目標
総合的な学習の時間の目標（第1の目標）を踏まえ，各学校が総合的な学習の時間の学習で，生徒にどのような資質・能力を育成するかを明確にします。

*5／各学校が総合的な学習の時間の目標を設定する際には，学校の教育目標との関連も図ります。

B中学校　第2学年　総合的な学習の時間指導案

1　単元名　「働くことの意義を知り，自らの将来について考えよう」（全40時間）　*3

2　目標

(1)B中学校の総合的な学習の時間の目標　*4

【第1の目標】
（学習指導要領第4章第1に示された総合的な学習の時間の目標）
　探究的な見方・考え方をはたらかせ，横断的・総合的な学習を行うことを通して，よりよく課題を解決し，自己の生き方を考えていくための資質・能力を次の通り育成することを目指す。
(1) 探究的な学習の過程において，課題の解決に必要な知識及び技能を身に付け，課題に関わる概念を形成し，探究的な学習のよさを理解するようにする。
(2) 実社会や実生活の中から問いを見いだし，自分で課題を立て，情報を集め，整理・分析して，まとめ，表現することができるようにする。
(3) 探究的な学習に主体的・協働的に取り組むとともに，互いのよさを生かしながら，積極的に社会に参画しようとする態度を養う。

【B中学校の教育目標】
○考える人間　○たくましい人間　○思いやりのある人間

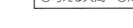

【B中学校が設定する第2学年の目標】　*5
○ 働くことの意義や学ぶことの意義を理解する。
○ 職場体験活動を通して，課題解決能力を身に付け，自分の生き方を見つめる。
○ 社会の一員として行動することができる力を身に付ける。
○ 自他共に大切にする心を育てる。
○ 上級学校の学習を通して，自己の進路計画を考えることができる力を身に付ける。

【知識・技能】	【思考力・判断力・表現力等】	【主体的に学習に取り組む態度】
調べ学習や職場体験活動などを通して，職業や上級学校の種類や内容を理解している。また，働くことや学習することの意義を理解している。	調べ学習や職業レディネス・テストや講話，実際の職場体験活動などを通して，自分の適性やこれからの進路や将来について考えることができる。	調べ学習や職場体験活動などに，班や学級の生徒とともに主体的・協働的に取り組み，自他を尊重しながら積極的に社会に参画しようとしている。また，将来の自己の在り方を探求しようとしている。

(2)本単元の目標　*6

○働く人と直接接することにより，実際的な知識や技術・技能に触れ，学ぶことの意義や働くことの意義を理解する。

○職場体験活動を通して異世代とのコミュニケーション能力を高めるとともに，社会人としての基本的マナーや言葉遣いを身に付ける。

○職業レディネス・テストや講話を通して，自己の個性や適性を把握し，自己理解を深め，自己の新しい可能性を見いだす。また，職業を体験することを通じて，自らの将来と適性について考察する。

○地域の職場で体験することで，地域の一員としての自覚をもつとともに，望ましい社会性や勤労観・職業観を考察し，将来の自己の在り方を探究しようとする。

3　本単元の内容　*7

(1)目標を実現するにふさわしい探究課題(三つの要件)

要件①　探究的な見方・考え方をはたらかせて学習することがふさわしい課題であること。

要件②　その課題をめぐって展開される学習が，横断的，総合的な学習としての性格をもつこと。

要件③　その課題を学ぶことにより，よりよく課題を解決し，自己の生き方を考えていくことに結びついていくような資質・能力が見込めること。

この要件に関して，本単元に関する課題の特質については，学習指導要領解説に次のように示されています。

> 職業や自己の将来に関する課題とは，義務教育の最終段階にある生徒にとって，切実かつ現実的な課題である。この課題について，具体的な活動体験や調査活動，仲間との真剣な話合いを通して学び合う機会をもつことは，生徒が自己の生き方を具体的，現実的なものとして考えることにつながる。また，このことは，自己の将来を力強く着実に切り拓いていこうとする資質・能力の育成において，極めて重要である。

したがって，こうした課題を総合的な学習の時間の探究活動として取り上げ，具体的な学習活動としていくことには大きな意義がある。

(2)本単元の探究課題と探究課題を解決することを通して育成する資質・能力

本単元の探究課題　*8
① 働く意義の理解
② 様々な職業を知る
③ 職業レディネス・テストとハローワークによる講話
④ 職場体験先についての調べ学習
⑤ インタビュー内容とマナーの理解
⑥ 職場体験先との打ち合わせと事前訪問
⑦ 職場体験活動
⑧ お礼状の作成
⑨ 体験のまとめ(ワークシートへの記入と新聞作成，クラス発表会と学年発表会)
⑩ 自己の分析(マイライフプラン作成)

*9／各学校が定める目標に示した資質・能力を探究課題に即して具体的に記したものです。

【知識・技能】 *9	【思考力・判断力・表現力等】	【主体的に学習に取り組む態度】
・ 調べたり，友達の発表を聞いたりしながら，職業の種類や内容について理解する。 ・ 実際の職場で仕事を体験し，働くことの意義を理解する。	・ 調べたり，職業レディネス・テストや講話，職業体験をしながら，自分の適性や将来の進路などについて考えることができる。 ・ 調べたことや体験したことをまとめて，発表することができる。	・ 働くことの意義や職業の種類や内容について，積極的に調べたり，人と共有したりすることができる。 ・ 調べたことや体験したことをまとめる活動で，班や学級の人の意見を積極的に聞くことができる。 ・ 体験活動や発表を通して，自己を分析しようとしている。

*10／三つの観点に即して評価を行います。「知識・技能」の観点では，探究的に学ぶよさの理解についても評価します。

4 評価規準 *10

①知識・技能	②思考力・判断力・表現力等	③主体的に学習に取り組む態度
ア 働く意義について理解している。 イ 様々な職業の種類や内容を理解している。 ウ 職場体験先と必要事項の打ち合わせができる。 エ マナーを守って職場を体験することができる。 オ お礼状が作成できる。 カ 職場体験を行うことで職業や社会を実感できるよさを理解している。	ア 自己の適性を理解し，それを生かせる自己の進路計画を作成できる。 イ 調べたことや体験したことを新聞やレポートにまとめることができる。 ウ 班や学級で発表することができる。 エ お礼状に感想や感謝の気持ちを表現することができる。	ア 協力して職場体験に取り組んでいる。 イ 班や学級で協力して調べ学習やまとめの学習に取り組んでいる。 ウ 班や学級の発表をメモをとるなどして積極的に聞いている。

5 学習指導計画 *11

*11／学習指導計画
単元の学習を通してどのように資質・能力を生徒に育成するのかを明確化し，生徒の興味・関心が探究的な学習活動につながるように構想します。時数や，評価，他の教科等との関連も明確にしておきます。

*12／総合的な学習の時間と各教科等との関わりを意識しながら，学校の教育活動全体で教科横断的に資質・能力を育成するカリキュラム・マネジメントが求められています。各教科等で身に付けた力が総合的な学習の時間の中で発揮されるとともに，総合的な学習の時間で身に付けた力が各教科等で生かすことができるという，往還の関係にすることが重要です。

時間	活動内容	評価の観点	教科等の関連 *12
1	単元オリエンテーション ○個人課題の設定	・ 単元の流れやねらいをつかめたか。 ・ 職業への関心をふくらませられたか。	特別活動
1	様々な職業を知る（調べ学習） ○職業と産業の関係 ○職業の現状	・ 勤労観，職業観が醸成できたか。 ・ 資料収集の方法を学べたか。 ・ まとめ方を工夫できたか。	社会
2	職業レディネス・テストとハローワークによる講話 ○職業と適正 ○自分の将来や進路	・ 自己の適正が理解できたか。 ・ 自分の将来や進路について考えることができたか。 ・ 職業について新たな探究課題をもてたか。	社会
2	職場体験先についての調べ学習 ○ 体験したい職場の発見 ○ 職場体験先職業の調べ学習	・ 体験活動への関心・意欲が高められたか。 ・ 調べ学習の方法を身に付けたか。	社会
2	インタビュー内容とマナーの理解 ○質問項目の検討 ○社会の一員としてのマナー	・ 体験活動に主体的に取り組むための態度や社会の一員としての態度が育成できたか。 ・ まとめ方に工夫がされているか。	道徳
2	職場体験先との打ち合わせ ○ 電話による挨拶と事前訪問依頼 ○ 職場体験先の訪問 ○ 体験内容の確認	・ 適切なコミュニケーションを図ることができたか。 ・ 社会の一員としての適切な態度で対応できたか。	特別活動

24	職場体験活動 ○ 4日間の体験活動	・ 勤労観，職業観が醸成できたか。 ・ 適切なコミュニケーションを図ることができたか。 ・ 社会の一員としての態度が育成できたか。	特別 活動
1	お礼状の作成 ○ 下書きと清書	・ 感じたことや学んだことをまとめ，表現することができたか。	国語
2	体験のまとめ1 ○ワークシートの記入と新聞作成	・ 体験活動を振り返り，まとめ，表現することができたか。	国語
1	体験のまとめ2 ○ クラス発表会と学年発表会	・ 体験活動の情報を共有できたか。 ・ 体験のまとめをわかりやすくプレゼンテーションできたか。	国語
2	自己分析 ○ 調査活動 ○ マイライフプランの作成	・ 体験活動などを基に，自己の適性や課題を見つめ，将来の自己を分析しようとしているか。	特別 活動

6　教材の工夫例

【これまでの学習の振り返り】(ワークシートの主な内容)
① 1年生で学んだことを振り返ろう。
　◆1年生での学習を通してどんなことを学びましたか。
　　(身近な働く人へのインタビュー，職業人に話を聞く会，職業新聞づくりなど)
　◆ 1年生の学習を振り返って，自分の将来や進路について考えるに当たって自分の課題だと思うことは何ですか。
②2年生で学習することの見通しをもとう。
　学習内容とねらいの理解，これからの学習で達成したい自分の目標など。

【職場体験先との打ち合わせ】
① 自己紹介カードの主な内容
・事業所名，担当者，所属，氏名，部活動，趣味，特技，性格など。
・今回の職場体験活動で学びたいこと，頑張りたいこと，心配や不安なこと。
・受け入れてくださる事業所の方へのメッセージ。
② 事前訪問の依頼(電話による依頼)
・電話のかけ方の例示(ロールプレイングによる練習も効果的)。
・相手の都合が悪い場合，担当者が不在の場合などを想定した対応マニュアル。

【心構えと礼儀作法・マナーについての学習】(学習の主な内容)
・マナーの基本(基本的な生活習慣を見直す)。
・職場体験活動の準備と心構え(目的の確認，時間を守ること，仕事の内容確認など)。
・職場体験をイメージする(挨拶，言葉遣い，座り方立ち方，お辞儀，姿勢や目線など)。

【職場体験活動日誌と振り返りシート】　※体験活動中に生徒が毎日記入する。
日誌の主な内容
・活動内容(午前，午後)を詳しく書く。
・今日の活動でうれしかったことや楽しかったことについて書く。
・今日の活動でつらかったことや困ったことについて書く。
・今日の体験でわかったことや感じたこと，考えたことを書く。

振り返りシートの主な内容
・今回の職場体験で感動したことや印象に残ったことを書く。
・今回の職場体験で「働くこと」に対して特に学んだことを書く。
・担当者の方への感謝の気持ちを書く。
・保護者の方からのメッセージ（日誌や振り返りシートなどから生徒に向けた一言）

【お礼状の作成】（準備するもの）
①お礼状の下書き用紙
②手紙文例
③お礼状の清書用紙
→
お礼状の主な内容
・時候の挨拶　・職場体験で一番印象に残ったこと
・この経験をどのように生かすか　・お礼の言葉

<職場体験活動のまとめ（新聞づくり）>
・事業所の紹介，仕事の内容
・失敗したこととそこから学んだこと
・心に残った言葉
・気を付けていたこと，意識していたこと
・働く上で大切なこと　など

・職場体験先での一日の流れ
・うれしかったこと，感動したこと
・新しく発見したこと，学んだこと
・「働くこと」とは？

「まとめの新聞」レイアウト例

まとめの新聞を活用した事後学習の流れ例

体験活動班ごとにまとめの新聞作成
・レイアウトを考え班員で執筆を分担
↓
体験活動班ごとにまとめの新聞の完成と発表の準備
↓
学級ごとにグループ発表会
↓
学年発表会と廊下などでの掲示

体験中の写真 など	事業所の紹介	班員名 タイトル
	仕事の内容 一日の流れ　など	
うれしかったことや感動したこと，学んだこと　など	こんな失敗をしてしまった！職場体験中に気をつけていたこと　など	
全体的な感想（班全員分の感想）	職場体験中のエピソード	

<自己分析>
学習の主な内容
・職場体験や新聞づくり，発表などを振り返り，自分なりの勤労観や職業観についてまとめる。
・書籍や聞き取りなどによる調査活動を行う。
・マイライフプラン（自己の将来設計）を作成する。

グループワーク

①自分の職場体験や進路学習の経験を振り返り，印象深いことや学んだことを意見交換してみよう。
②個人の課題設定や職場体験学習を実施するときの指導上の留意点について協議してみよう。
③上の内容について，他の教科等とどのように関連するかを考えよう。
④体験学習のまとめの学習で，発表の仕方や工夫を考えよう。

 指導計画を作成するときのポイントや留意点を箇条書きで挙げてみよう。

実践事例編

実践事例とその解説（高等学校）
地域や学校の特色に応じた課題

【探究課題の位置付け】
〇本実践の探究課題は，「地域や学校の特色に応じた課題」に対応したものである。

【単元名】
私たちの地域の課題の解決に向けて〜持続可能な社会の実現に向けた提言とこれからの私〜

本時の学修のねらい

☑・第1〜5章で学修してきたことを，事例の中で理解することができる。

Ⅰ　本事例の概要

1　趣旨

　高等学校に在籍する生徒たちは，小・中学校での教科等の学習を通して，自分たちが生活している地域について様々な学習をしてきました。そして，将来，どのような生き方を選択したとしても，何らかの形で地域の担い手になります。地域の課題には，その地域に固有の課題もありますが，我が国が直面する課題，世界が直面する課題に通じる面も少なくありません。

　在学中に有権者となる高校生には，これらの学習の成果を踏まえ，地域の現状や課題，今後の在り方などをマクロな視点・ミクロな視点から問い直し，自分自身の個性や能力等を生かしながら，社会の課題解決に向けて主体的に考え，貢献しようとする意欲や態度を育成することが重要です。

*1／高等学校学習指導要領(平成30年告示)解説【総合的な探究の時間編】(本章では以下，「解説」と記す)(解説p.32)

> 　地域や学校の特色に応じた課題とは，町づくり，伝統文化，地域経済，防災，都市計画，観光など各地域や各学校に固有な諸課題のことである。全ての地域社会には，その地域ならではのよさがあり特色がある。古くからの伝統や習慣が現在まで残されている地域，地域の気候や風土を生かした特産物や工芸品を製造している地域など，様々に存在している。これらの特色に応じた課題は，よりよい郷土の創造に関わって生じる地域ならではの課題であり，生徒が地域における自己の在り方生き方との関わりで考え，問いを発し，よりよい解決に向けて地域社会で行動していくことが望まれている。また，これらの課題についても正解や答えが一つに定まっているものではなく，従来の各教科・科目等の枠組みでは必ずしも適切に扱うことができない。しかも，生徒にとっては，自分自身の取組が地域や社会を変え，社会に参画し貢献していることを実感できる課題でもある。したがって，こうした課題を総合的な探究の時間の探究課題として取り上げ，その解決を通して具体的な資質・能力を育成していくことには大きな意義がある。　*1

実践事例編

*2／「総合的な探究の時間」においては,高等学校学習指導要領第4章第1に示された目標に,「探究の見方・考え方を働かせ,横断的・総合的な学習を行うことを通して,自己の在り方生き方を考えながら,よりよく課題を発見し解決していくための資質・能力を次のとおり育成することを目指す」として,
(1)探究の過程において,課題の発見と解決に必要な知識及び技能を身に付け,課題に関わる概念を形成し,探究の意義や価値を理解するようにする。
(2)実社会や実生活と自己との関わりから問いを見いだし,自分で課題を立て,情報を集め,整理・分析して,まとめ・表現することができるようにする。
(3)探究に主体的・協働的に取り組むとともに,互いのよさを生かしながら,新たな価値を創造し,よりよい社会を実現しようとする態度を養う。
と記されています。これを踏まえて,各学校が目標や内容を適切に定めて,創意工夫を生かした特色ある教育活動を展開する必要があります。
学校は,各教科・科目等との関わりを意識しながら,学校の教育活動全体で資質・能力を育成するカリキュラム・マネジメントを行うことが求められます。
(解説p.11, 22)

*3／探究の過程で獲得される「知識及び技能」は,各学校が設定する内容に応じて異なるため,学習指導要領には習得すべき知識や技能は示されていません。事実的知識は探究のプロセスを通して,構造化され,生きて働く概念的知識に高まります。
(解説p.91)

2 本事例と学校の教育目標等との関係(学校のグランドデザイン) *2

(1)目標と育成する資質・能力

【第1の目標】 (学習指導要領第4章第1に示された総合的な探究の時間の目標)	【C 高等学校の教育目標】 　激しく変化する社会において,主体的に活躍できる生徒の育成

↓　　　　　　　　　　　　↓

【総合的な探究の時間で育成することを目指す資質・能力】
　探究的な学びを通して,教科等で身に付けた知識や技能をさらに広げたり,深めたりするとともに,それらを活用して,様々な課題を解決するための思考力・判断力・表現力を育み,自らの意見を根拠をもって適切に表明し,様々な人と協働して新たな社会や価値を創造しようとする強い意志と行動力をもつ生徒を育成する。

【学校が定める内容】
「私たちの地域の課題の解決に向けて」
〜持続可能な社会の実現に向けた提言とこれからの私〜

【知識及び技能】　*3	【思考力・判断力・表現力等】　*4	【学びに向かう力,人間性等】　*5
○幅広い課題意識と自ら作成した計画に基づいて,様々な人と協働して探究活動に取り組み,その過程で必要となる新たな知識や技能を主体的に身に付けることができる。 ○多様な知識や技能を相互に関連付けながら効果的に探究活動を行うための道筋を計画し,実行できる。	○教科等で習得した知識や技能等を活用して,物事を多面的・多角的に分析し,課題を発見したり,解決のための方策を考えたりすることができる。 ○様々な調査等によって得た情報や他の人々からの助言等を十分吟味し,自らの選択基準・判断基準に基づいて意志決定を行うことができる。 ○自らの考えを,相手や目的に応じてよりわかりやすく伝わるように,論理や感性に訴えることができる。	○探究活動に取り組む意義を自覚し,様々な人とコミュニケーションを図りながら常に活動内容や方法の見直しを図り,計画的に取り組むことができる。 ○探究活動を通して新たな課題を見付け,その解決に向けた構想を考え,実行できる。

(2)教育課程編成の基本方針(カリキュラム・ポリシー)

　ア 探究活動を重視した教育課程の編成

　　「総合的な探究の時間」を中心に,教育活動全体を通じて,探究的な活動を展開できるよう,創意工夫のある教育課程を編成する。

　イ キャリア教育の充実

　　特別活動を要としつつ,教育活動全体を通じて,生徒が,自己の在り方生き方を考えながら進路希望の実現を図るとともに,激しく変化する社会に主体的に対応できる資質・能力を育成する。

　ウ 言語活動の充実

　　国語科を要としつつ,教育活動全体を通じて,生徒が自ら考えたことを表現する力や他者と適切にコミュニケーションできる能力を育成する。

　エ 理数教育の推進

　　専門研究機関や大学等と連携して,最先端の科学に触れる機会を設定すると

ともに、探究活動を積極的に導入することにより、生徒の知的探究心や論理的思考力を育成する。

オ 国際理解教育の推進

英語の四技能の総合的な指導や国際交流活動の推進などにより、グローバル社会の中で生きるために必要な力を育成する。

カ 特別支援教育の推進

個別の教育支援計画や、個別の指導計画を作成・活用することにより、障害のある生徒への組織的な支援及び指導の体制を整えるとともに、教育におけるユニバーサルデザインを推進する。

キ 体力の向上

「保健体育」の授業を中心として、特別活動の体育的行事の充実や運動部の計画的で効率的な活動などにより、日常的に運動に親しみ、体力向上を推進する。

3　指導体制等　*6

① 学校における「総合的な探究の時間」に関する事項は、「教務部」が行う。

② 「総合的な探究の時間」は、学校外での活動を考慮して全学年○曜日の6時間目に設定する。

③ 学校外への調査や体験活動などが柔軟に行えるよう、○曜日については部活動を原則として禁止する。

④ 教員は、生徒の探究活動への助言を行う「助言者」として位置付け、全教員が分担して担当する。

⑤ 「助言者」として担当する生徒については、各教員10人程度とし、その生徒が設定したテーマと教員の専門教科等を可能な限り考慮するが、必ずしも一致するとは限らない。

⑥ 講演等、全体が同じ活動を行う場合や各探究活動の進捗状況の把握はホームルーム担任が主として担当し、探究活動の計画、調査、まとめ等、各活動内容に関することは、「助言者」が担当する。

⑦ 生徒の興味・関心は多岐にわたり、探究するテーマや内容によっては高度な専門性を要することがあるため、助言者は生徒に「教える」という姿勢ではなく一緒に考え、生徒がよりよく今後の探究活動を行えるよう助言を行う姿勢で対応する。

⑧ 自己の在り方生き方を考えながら、よりよく課題を発見し解決していくための資質・能力の育成を目指す「総合的な探究の時間」の趣旨を踏まえ、グループ研究または個人研究とするが、個人研究の場合であっても、グループ内で進捗状況等について報告し、よりよい探究活動になるよう協議しながら進める。

⑨ グループは、ホームルーム単位ではなく、探究課題に共通性、類似性のある者で構成できるようにする。

⑩ 第1学年は、探究活動の結果をポスターセッションにより発表する。第2学年は、その内容を日本語による論文にまとめ、第3学年では英語による論文にまとめる。

⑪ 学校外の関係機関への調査活動等を行うに当たっては，「助言者」が基本的なマナー等に関して指導した上で，基本的には生徒が責任をもって対応するものとする。

⑫ 生徒の知的好奇心を高め，主体的かつ積極的に探究活動に取り組むことができるよう，探究課題設定の時期や整理・分析の時期などを中心に，大学や研究機関，企業，行政機関等など幅広い分野から講師を招聘し，講演会を開催する。

⑬ 海外の学校や外国人との交流活動の機会を活用し，「総合的な探究の時間」の取組について，経過発表等を行い，意見交換を行うことで，国際的な視野をもって探究活動を行うことができるようにする。

Ⅱ 学習指導計画

*7／指導計画をはじめ生徒の学習状況などについて，中学校等と相互に連携を図ることが重要です。(解説p.40)

*8／「総合的な探究の時間」においては，実社会や実生活と自己との関わりから問いを見いだし，自分で課題を立てる必要があります。
そのため，一人でじっくりと考えたり，様々な考えをもつ他者と相談したりするなどして，行きつ戻りつしながら時間をかけて取り組むことが大切です。(解説p.48)

*9／探究の過程においては，比較，分類，関連付けなど，考えるための技法を自在に活用することにより，
・思考力，判断力，表現力の育成
・協働的な学習の充実
・教科・科目等と総合的な探究の時間の学習との往還の意義の明確化
などの意義が指摘されています。(解説p.95～96)

*10／学校図書館は，「読書センター」「学習センター」「情報センター」としての機能を担い，生徒が積極的に活用できるよう指導することが重要です。(解説p.148)

月	学習過程	活動内容	助言者の役割
4月から8月	中学校における総合的な学習の時間の取り組みの発表 *7	中学校における「総合的な学習の時間」で取り組んだ活動について ・問題意識 ・活動内容 ・成果と課題 を中心に発表する。	○課題の設定や，情報を収集し，整理・分析する力，表現力など，中学校までの成果や課題(習得した知識や技能)を把握する。 ○高校生になって，さらに深めたいこと，新たに取り組みたいことなどを各生徒に随時質問し，学びに向かう意欲等を喚起する。
	オリエンテーションⅠ「問いの立て方」 *8	「問うこと」をテーマに，学年全体でグループワークを実施する。 ・4～5人でグループを編成する。 (例1) ・「生まれ変われるとしたら何になりたいか」という質問に対し，一人が回答し，他の人はその回答に対して質問する。 (例2) ・「なぜ，机に座ってはいけないのか」など，一人ひとりが日常生活に即した素朴な「問い」を出し合い，全員が出し終わったら投票により対話のテーマを決め，そのテーマで意見交換を行う。	○人を否定したりからかったりする発言はしないことなど，最小限のルールを設定する。 ○自由に話ができることを尊重し，知識に基づくのではなく経験に即して話ができるようにする。 ○発言を強要しない。 ○活動の意義を理解し，各グループの意見交換を通して互いに課題意識を高める意欲を喚起する。
	オリエンテーションⅡ「考えるための技法」 *9	探究活動を進めるために，身に付けるべき基本的な技法を体験し，活用できるようにする。 ○ジグソー法 ・4人で班(ホームグループ)を作り「文化祭におけるホームルームでの参加企画」を検討する。 ・4人は各々A：演劇，B：迷路，C：模擬店，D：縁日に分かれ，自らの企画の趣旨や期待される成果等を発表する。	○多面的・多角的に分析したり，発想を広げたりするために効果的な技法を体験させることを通して，探究活動に必要な知識や技能の習得を図る。 ○教員は，校内研修等により，目的に応じて効果的な探究の技法について柔軟に助言できるようにする。

*11／高等学校においては，探究のプロセスの中でもとりわけ「課題の設定」を丁寧に指導することが求められます。生徒が自らの探究課題を設定するに当たっては，
・その課題を解決することの意味や価値を自覚できる課題であること
・どのようなことを調べ，どのようなことを行うかなど，学習活動の展開が具体的に見通せる課題であること
などに配慮します。生徒が，自ら課題を設定するための知識や技能を身に付け，自分自身で探究を進めることができるよう，十分な時間をかけて指導する必要があります。
（解説p.48,125）

*12／探究課題については 一人ひとりの生徒が自己の在り方生き方と一体的で不可分に結び付いた形で成立するような課題を，自ら発見していけるような幅の広さや奥行きの深さを受け止められるものとすることが重要です。
（解説p.24）

*13／地域の公民館,図書館や博物館などの社会教育施設,企業や事業所等と連携することで,総合的な探究の時間の学習が地域や社会とのつながりを強くすることになります。
情報収集に当たっては,見学などで施設を訪問するだけでなく,学校への訪問依頼,手紙や電話,メールによる情報提供の依頼等,生徒が計画的で主体的に取り組む中で,一定の責任をもって継続的に施設等に関わる活動に発展できるよう指導することが重要です。（解説p.60）

		・ 演劇，迷路など同じ企画を提案する者同士（エキスパートグループ）で話し合い，各企画で期待される効果等について話し合い，内容を深める。 ・ 再度ホームグループに戻り，エキスパートグループでの話し合いを踏まえて，企画についての議論を行う。 ○イメージマップの作成 ・ 目的に沿って，イメージを膨らませるための手法の一つで，テーマに関連する事項を洗い出し，相互の関係性等を検討する。 ○その他（KJ法やフィッシュボーンなど）	
	オリエンテーションⅢ「図書館の活用方法」*10	司書教諭の協力を得て，学校図書館の利用方法や文献検索の方法に関する講義と演習を行う。	○ インターネット情報と書籍による調査について，各々の利点と課題についての理解を図る。 ○ 学校図書館の活用方法を習得させ，生徒の自主的な活用を促す。
4月から8月	探究課題の決定と探究活動グループの編成*11	○ 自ら探究したい課題についてリサーチクエスチョンの案を30問程度作成する。 ○ 類似の課題を希望する生徒で活動グループを構成し，グループの仲間や助言者の教員とリサーチクエスチョン案について意見交換を行いながら，探究する課題を明確にする。	○ 生徒の探究したい課題について質問を投げかけ，生徒の意志，探究活動の展開の見通しなどを助言する。 ○ リサーチクエスチョンの案を十分作成できない生徒に対しては，文献等で課題に関することを幅広く調べたり，一人でじっくりと考えたり，様々な考えをもつ他者と相談したりするなど，具体的に方法を助言する。
	活動計画の作成*12	○ 課題設定の理由 ○ 仮説の設定 ○ 情報の収集方法と計画 ○ 整理・分析の方法 ○ 想定する成果や課題及び発表方法の構想 を柱とする活動計画を作成し，グループでの意見交換を行い，助言者からの助言を受ける。	○ なぜこの課題を探究しようとするのか，自らの経験等を踏まえた課題意識を明確にするよう助言する。 ○ 情報収集時に，文献やインターネット等による先行研究を踏まえるとともに，関係者へのインタビューなど目的に応じて多様な方法を活用するよう助言する。
	夏季休業中の活動計画*13	目的や活動内容を明確にして，調査活動を行うため，近隣の大学や企業などの訪問先への連絡や打ち合わせ等を行う。	○ 電話や文書，メールによる依頼の仕方等，外部の機関等への依頼方法について，生徒に事前に案を作成させたうえで指導する。 ○ 二学期以降の学校での教育活動の中で対応できるものかどうかを判断し，効率的に情報収集できるように指導する。

*14／例えば,事柄を一つずつカードや付箋紙に書き出して共通する性質を見いだすことで「抽象化」したり,縦軸と横軸を設定して4象限に書き込んで「分類」したりすることなどにより,情報を整理し因果関係などを導き出します。(解説p.98,126)

*15／まとめたり表現したりするに当たっては,相手意識や目的意識を明確にし,情報を再構成して自分の考えや新たな課題を自覚することにつながるようにすること,的確に伝えるための具体的な手順や作法を身に付けること,などに配慮することが重要です。(解説p.128)

*本事例の作成に当たっては,東京都立白鷗高等学校,東京都立八王子東高等学校,東京都立南多摩中等教育学校での実践事例を参考にしました。

9月から12月	情報収集活動	○目的を明確にし,必要な情報を多面的・多角的に収集できるよう,文献調査,関係機関等の訪問,聞き取り,体験活動など複数の方法を活用する。 ○情報収集に当たっては,その日の調査の目的,活動内容,結果,気付いた点,今後収集すべき情報,次の予定などをノートに記録する。	○生徒の訪問先や対応者など,生徒の動きを把握しておく。
	整理・分析の活動 *14	○複数の調査から得た結果等の比較・分類・関係付けなどから明らかになったこと,新たに生じた疑問点などを明確にする。 ○疑問点は,さらなる調査を行い,明らかになった事実に基づき,結論を構築するための論旨を構築する。 ○週時程に位置付く「総合的な探究の時間」では,進捗状況をグループ内に報告し,分析や考察の結果,今後の探究活動の取り組みなどについて助言を得る。	○探究活動の内容が様々な教科にまたがる可能性があることから,各グループの担当を柔軟に組み替えるなどして,教科の専門的な背景も踏まえて助言できるようにする。
1月から3月	まとめ・表現の活動 *15	○ポスターセッションとして発表できるよう,①研究の目的(動機),②仮説と検証方法,③現段階で明らかになったこと,疑問になったこと,④今後の取り組みをまとめる。 ○次年度以降に,日本語論文,英語論文として成果をまとめることを想定して発表内容を検討する。 ○グループ内での協議を経て発表する。	○他の助言者の協力も得て,研究の流れを知らない者にもわかりやすくなるよう,写真や図,イラスト,グラフや表の活用など,説明内容,方法等を助言する。 ○校内の教員だけではなく,生徒の探究活動に協力してくれた関係機関等を招待し,専門的な観点からの評価を依頼する。
	新たな課題の設定	新たに明らかになった課題を洗い出し,次年度以降の日本語論文,英語論文作成に向けた計画を作成する。	○国語や英語等の教員の支援も得て,日本語表現を英語表現にする際の留意点などを助言する。

グループワーク

【単元名】について,次の①②をグループで協議しよう。

①あなた自身は,この内容について,どのような探究課題を設定しますか,課題設定理由や情報収集の方法などを明らかにして,グループ内で発表しよう。

②グループのメンバーから出された探究課題に対して,適切であるか検討し,互いに質問や意見を出し合い,必要な修正をしよう。

・生徒たちが適切に探究課題を設定できるようにするためには,どのような指導が必要か,そのポイントをまとめよう。

・多面的・多角的に分析したり,発想を広げたりするために,その目的に応じて有効な基本的技法について,具体的な事例を通して確認しよう。

実践事例（小学校）多摩川学習
東京都狛江市立狛江第六小学校

学校や地域に関する情報

(1) 学校規模

　児童数 551 名／学級数 17 学級／教職員数 29 名

（2019 年 12 月現在）

(2) 学校の教育活動の特色

　昨年度より，「英語で，進んでコミュニケーションを図ろうとする児童の育成」という研究主題のもと，外国語の研究活動を進めています。オーストラリアと韓国に姉妹校があり，交流を図っています。

(3) 地域の特色

　多摩川まで徒歩5分という立地を生かし，各学年で多摩川を教材とした「水辺の楽校[*1]」と連携するなど体験学習が行われています。多摩川は，その自然や四季の光景は児童や保護者，地域の人々の生活に潤いを与えてくれるとともに，氾濫等により自然の脅威も実感する児童にとっては生活に欠くことのできない存在です。

　学校と地域との関係は，地域行事には教員や児童が参加したり，多摩川学習を行う際には必ず保護者が安全ボランティアとして参加するなど，学校と地域・保護者が協力し合い，双方向によい交流ができています。

*1／水辺の楽校とは，国土交通省が文部科学省，環境省と連携して進めているプロジェクトです。水辺をフィールドに，子どもたちが川に親しむ自然体験活動を推進しようというもので，（中略）日本全国で約 291 校が設立され，多摩川流域では 20 の水辺の楽校が活動中です（川崎市のHPより）。

Ⅰ　本校の総合的学習の時間の目標

　　　本校の児童は，自然や地域の様子に関心をもち，進んで活動しようとする意欲がありますが，課題解決等に見通しをもって取り組むことが苦手な児童が少なくありません。このような実態と地域の状況を踏まえるとともに，学校教育目標の達成を図るために，総合的な学習の時間の目標を次の2点として設定しました。

・探究的な学習に主体的・協働的に取り組むとともに，互いのよさを生かしながら，社会に参画しようとする態度を養う。

・実社会や実生活の中から問いを見いだし，自分で課題を立てることができるようにする。

　　　この目標を達成するために，学年の発達段階も考慮し，第3・4学年では「多摩川」を教材とした研究課題を設定し，単元の指導計画を作成しています。

　　　以下に，総合的な学習の時間の全体計画と，「多摩川」を教材とした単元の指導計画の抜粋を載せています。ここでは，紙面の都合上，第4学年の「多摩川学習」についての実践を紹介します。

実践事例編

学校目標
○よく考える子　○思いやりのある子　○運動を楽しむ子

児童の実態	総合的な学習の時間の目標	保護者・地域の願い
・自然や地域の様子に関心をもち，進んで活動しようとする意欲がある。 ・見通しをもって問題解決をすることが苦手な児童が見られる。	・実社会や実生活の中から問いを見いだし，自分で課題を立てることができるようにする。 ・探究的な学習に主体的・協働的に取り組むとともに，互いのよさを生かしながら，社会に参画しようとする態度を養う。	・地域社会との連携の担い手になってほしい。 ・のびのびと学習し，自分の力を存分に発揮してほしい。

〈育てたい資質・能力及び態度〉

項目	目標	育てたい資質・能力及び態度
知識及び技能	・他教科など及び総合的な学習の時間で習得する知識及び技能が相互に関連付けられ，社会の中で生きて働くものとして形成されるようにする。	・多摩川に関して自ら課題学習を見つけ追究する力 ・プログラミングで使用する記号を組み合わせ，意図した活動に近づける力 ・自分の成長について学習課題を追究することで，自他の生命を追究する力
思考力，判断力，表現力等	・探究的な学習の過程において発揮され，未知の状況において活用できるものとして身に付けられるようにする。	・自ら学習課題を見付け追究する力 ・記号の組み合わせを改善する論理的思考力 ・漫才のネタづくりや発表を通して，想像力・発想力を育む力
学びに向かう力，人間性等	・自分自身に関すること及び他者や社会との関わりに関することの両方の視点を踏まえる。	・学習課題解決や追究の活動を工夫しながら，粘り強く意欲的に取り組む力 ・身近な問題の解決に主体的に取り組む力 ・自分の成長について学習課題を追究することで，自他の生命を大切にする態度 ・食生活を見直して，よりよい生き方をする力

< 内容 >

		課題設定	情報収集	整理・分析	まとめ・表現
3年	多摩川 15時間	○多摩川の自然(植物・動物等)について，自ら課題を選び，追究することができる。	○様々な調べ方やまとめ方を身に付け，自分の考えをもつことができる。	○自ら課題を設定し，調べ方やまとめ方を工夫することができる。	○地域との関わり方を考えて行動することができる。
4年	多摩川 25時間	○多摩川の水生生物について，自ら課題を選び，追究することができる。	○課題を調べる学習を通して，自分の考えや意見をもつことができる。	○進んで課題を追究して自分の考えを深めていくことができる。	○伝える相手を意識し，よりわかりやすく伝えるためにはどのようにしたらよいのかを考えて発表することができる。
	オリンピック 11時間 (世界ともだちプロジェクト)	○オリンピックの競技の歴史を知り，興味に合った課題を選ぶことができる。また，調べていく中で，新たな課題を見付け，より深く探究しようとすることができる。	○資料やインターネットなどで調べることができる。	○必要な情報を取捨選択し，表やグラフなど，発表に効果的な方法を考えることができる。	○伝える相手を意識し，よりわかりやすく伝えるためにはどのようにしたらよいのかを考えて発表することができる。
	健康 16時間	○命の大切さ・将来の夢や希望を課題にすることができる。	○心と体の成長について学び，将来就きたい職業について調べることができる。	○収集した情報を自分の将来に照らし合わせ，必要な情報を選ぶことができる。	○将来の職業に向けて何が必要なのかを考えて行動することができる。
	4年 プログラミング 15時間	○ロボットと人間との関係について考え，日常生活が機械によって支えられていることがわかる。 ○ロボットをしゃべらせたり，動かしたりすることができる。	○プログラミングに必要な情報を資料から探すことができる。 ○プログラミングの仕方，コマンドのつなぎ方を知る。 ○sayや動きのコマンドをつなげ，簡単な作品をつくる。	○記号の組み合わせを修正・改善しながら意図した活動に近づけることができる。	○工夫したところなども交えながら，テーマに沿ったプログラミングを発表する。

実践事例編

(1) 単元名

「多摩川学習」(全 25 時間)

(2) 単元の目標

・多摩川について関心をもち，いつまでも豊かな自然を守ろうとする心情を育てる。

・多摩川の歴史・文化・環境について関心をもち，関わることができる。

(3) 育てたい資質・能力及び態度

・多摩川に関して自ら課題学習を見つけ追究する力

・学習課題解決や追究の活動を工夫しながら，粘り強く意欲的に取り組む力

・多摩川について，自分の考えや意見をもち，自分の生き方に生かす力

(4) 指導計画

時間		内容	ねらい	指導のポイント等
第一次 (7時間) 課題設定	1	・多摩川について知っていることをウェビングマップに書き込む。 ※参照①	・多摩川での今までの体験活動を想起させ，多摩川を身近なものに感じさせる。	・1〜3年生の間に「水辺の楽校」と連携し，多摩川で水生生物を採集する「ガサガサ体験」や，昆虫採集，川流れ体験を行っている。 ・4年生では，理科の学習で四季の変化の観察に多摩川へ足を運んでいる。
	2 〜 5	・図書『タマゾン川[*2]』を読み，読んで疑問に感じたことや，調べてみたいことをメモする。	・本の内容から，課題となりそうなキーワードを見つける。 ・「アレチウリ」(外来の雑草)，「特定外来種」，「国内外来種」，「多摩川の生態系」，「多摩川の歴史」など。	・授業の初めには，教師が範読し，キーワードの見つけ方などを指導することで，キーワードを見つけやすくする。
		本を読み終わっていない児童のために，一週間ほどあける。		
	6 〜 7	・本を読んで課題になりそうなキーワードを発表する。 ・課題別にグループ分けを行う。	・グループで課題解決学習を進めることで，内容を深める。	・見つけた課題を板書し，児童が自ら決めた課題をワークシートに書き，類似した課題設定をしている児童同士を教師がグループ分けする(仲良しグループで固まらないように，なるべく男女混合になるようにした)。
第二次 (5時間) 情報収集	8 〜 12	・インターネット，資料をもとに，課題解決につながる情報を収集する。 ・調べたことをワークシートに記入する。 ※参照②	・課題に沿った情報を精選する。	・情報の信頼性を保つために，どのサイトからの情報なのかを，記録する。 ・一つのサイトだけでなく，複数のサイトを見て，同じことが書かれているかどうか確かめるようにする。 ・放課後に，児童の閲覧履歴を定期的にチェックする。 ・ワークシートは分類しやすいように，厚手の紙で，B6サイズを使用した。
社会科見学でバス移動の際，「おさかなポスト[*3]」の位置と，水槽を車内から確認した。				

第三次 （3時間） 整理分析	13〜15	・調べたワークシートを種類別に分類し，整理する。 ・まとめの方法を考え，計画を立てる。	・調べたワークシートを読み比べ，グループで話し合いながら分類する。	・まとめの方法 （模造紙，紙芝居，タブレット端末を用いたアプリなどを活用） ・発表方法を考え，そこから逆算して，分類を工夫する。
第四次 （10時間） まとめ	16〜21	・分類したワークシートをもとに，聞く人にわかりやすく伝えるにはどのようにしたらよいかを考えてまとめる。※参照③	・聞く人を意識してわかりやすく伝えられるようにまとめる。	
表現	22〜24	・クラス内で発表を行う。また，代表グループを決定する。 ・代表グループは，学年全体に発表を行う。	・聞く人を意識して，調べたことについて発表を行う。	・発表の上手さと，内容の濃さをもとに投票で代表を選ぶようにする。 ・学年発表の際，狛江市役所環境政策課，水辺の楽校を招待した。
	25	・学習を通しての振り返りを行う。	・発表を通し，今後，自分たちの身近にある多摩川とどう向き合っていくのかを考える。	

・さらにその中から代表を選び，狛江市主催の環境サミットで発表した。

＊2／『タマゾン川　多摩川で命を考える　ぼくらの川がちょっとおかしいゾ！』山崎充哲　著　目次：はじめに―川といのちをめぐる旅／1　いるはずのない魚たち／2　おさかなポスト誕生／3　死の川，多摩川／4　そして，いのちが戻ってきた／5　未来への流れ

＊3／「おさかなポスト」とは，飼えなくなった魚を多摩川に放流するのを防ぐために，設置された水槽のこと。現在，期限未定で閉鎖中。

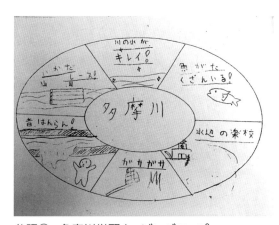

参照①：多摩川学習ウェビングマップ

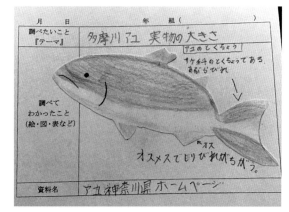

参照②：ワークシート
（課題解決につながる情報を収集）

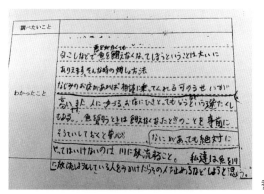

参照③：ワークシート（課題解決を考え，まとめる）

学習活動は，『タマゾン川』を読んだ後に，興味をもった課題別にクラス 41 名を数名程度の 10 グループに分け，課題解決に向けてそれぞれに「情報収集→整理（ワークシート）→まとめ（課題解決）→発表」と進めました。

　これまでは，外来種を多摩川に放流するのを防ぐために，飼えなくなった動物を預かる「おさかなポスト」というものがありました。そこで飼育されると，健やかに成長させることができたのですが，2019 年 3 月に閉鎖されてしまいました。

　では，今後，引っ越しなどの理由で飼えなくなったら，どうしたらよいのでしょうか。以下は，タブレット端末を活用した一つのグループの発表です。

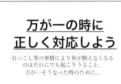

万が一の時に正しく対応しよう 引っこし等の事情により魚が飼えなくなるのはだれにでも起こりうること。万が一そうなった時のために…	**なじみのお店があるかないか** よく行く熱帯魚屋さんがあれば相談に乗ってくれる可能性が高い。だから，プロにたよれるかどうかは本当に大きい！	**こんな選択肢もある** 人にゆずる，お店に引き取ってもらうという選択肢もあります。お店に引き取ってもらう時は必ず事前連絡を。	**飼えなくなった時のことを想定して** 魚が飼えなくなった時のことを飼うことになった時から想定しておいて。
川や池に放流してはいけない 絶対にやってはいけないことは「外来魚を川や池に放流する」ことです。	**私達にできること** 私達は魚を川に放流しようとしている人を見かけたら，その人を止めようと思います。	**みなさんも多摩川の役に立つことを**	 これで，発表を終わります。

　児童は，「万が一に備えよう」「なじみの店をつくろう」「人に譲ろう」「飼う前に，飼えなくなった時を想定しておこう」という問題意識をもちました。

　そして，「川に放流は絶対にしてはいけない。あなたが放流した一匹により生態系が崩され，ほかの多くの生き物が居場所を失うことにつながる。もし，そういう人がいたら止めよう。多摩川のためにできることを考えて，行動に移そう」という結論を導き出しました。

Ⅴ 学習の成果と課題

●成果

・意識の変容

　本校では1年生で芝すべりなどで多摩川に馴染み，3年生で川流れ体験，4年生で四季の自然の変化の観察を行っています。また，休日には家族で河川敷で遊ぶなど，低学年の時期から身近な自然であるという多摩川への認識を体験的にもっています。学校がある狛江市の市歌も「水と緑の街　狛江」となっていることからも，多摩川は市民の生活の一部となっています。

　つまり，児童は多摩川に対して，自然豊かで，とても気持ちのよい場所だと肯定的にとらえていました。そのことは，この単元の導入時に行ったウェビングマップからも見て取れました。しかし，『タマゾン川』を読むことで，そのイメージは一転し，

危機感をもち始めました。そして，そのギャップは，児童の学習意欲の向上へと変換していきました。

・知識の深化

　外来種が増えているということは児童の知識としてあったのですが，人の手によって外来種が増えていること，また，外来種が増えることによって与える環境への影響などを調べていくうちに，事の重大さを児童が感じることができました。

　外来種問題は外国からだけではなく，国内間でも起きうる事象であり，魚だけでなく，植物についても同様のことが言えることにも気付きました。

・視点の変換

　外来種自体には罪はなく，「駆除」は生命を大切にするという視点からはどうなのかという疑問を持つ児童もいました。

・自分たちにできることの立案

①動物を飼育するときには，事前にその動物について調べること，そして，最期まで責任をもって育てること。

②引っ越しや家族の事情で育てられなくなったら，ペットショップや動物病院に相談すること。

③動物を拾わない，捨てないことなど，学習したことを自分たちの身に置き換えて考えること。

④狛江市が主催しているアレチウリ駆除や多摩川清掃などの活動に参加すること。

⑤放流しようとしている人がいたら，止めること。

・危機的状況の実感

　単元末に「外来種がこのまま増え続けていくと，生物多様性がなくなる。つまり，地域の異質性がなくなってしまう。なくなるのは環境だけでなく，文化にも影響が及ぶことにつながる」という話を担任から聞くことで，外来種問題の危機感を強めることができました。

・発表の工夫

　現在の多摩川の危機をいかに人に伝えるか，まとめ方を工夫する姿が見られました。外来魚のアリゲーターガーパイクを実寸大で模写し，廊下に掲示したり，外来種が本来いるべき場所を地図で示したり，ICT機器を用いて写真や動画を使ったり，工夫して発表する児童が増えました。

●課題

・保護者・地域への働きかけ

　学習内容を，水辺の楽校，狛江市環境政策課の方々を招いて発表しましたが，地域・保護者への働きかけが不十分でした。保護者・地域とともに，多摩川の自然環境保護に一層努めなければならないという課題が残りました。

・学習の発展

　児童は，人間の生活によって外来種問題が発生し，生態系を崩し，環境に影響を与えることについては理解することができました。今後は，疫病の流行や文化の消滅，地球温暖化にもつながっていく学習へと発展させていきたいです。

第7章 実践事例（中学校）―「樂校」学校が楽しいと感じる生徒の育成―　東京都世田谷区立尾山台中学校

学校や地域に関する情報

（1）学校規模

生徒数291名／教職員数41名／学級数9学級　　　　　（2019年12月現在）

（2）学校の教育活動の特色

本校は，コミュニティ・スクール及び「学び舎」（小中一貫教育）を基盤に，生涯学習の観点から生徒の「学びに向かう力」の育成を目指し，学びのつながりを重視した授業，生徒の自主・自治による学校行事の実施など，多様な教育活動を展開しています。

（3）地域の特色

本校区は，世田谷区南東部に位置し，尾山台，玉堤を中心とした通学地域です。周囲には，等々力渓谷（自然），尾山台商店街（地域社会），大学（教育）があり，本校との密接な連携・協働を実現しています。また，「チーム尾山台」のもと，おやじの会やPTAも大変協力的であり，学校・家庭・地域が一体となり，「共育」を図っています。

Ⅰ 総合的な学習の時間の全体計画

1 目標

本校の総合的な学習の時間は，校訓「樂校」（生徒一人ひとりが達成感，成就感を得て自己肯定感を高める意）を全体テーマとして「キャリア教育」「健康教育」「日本と世界」について，1年「みつめる」，2年「たかめる」，3年「かかわる」と系統的・発展的に学ぶ構造となっています。これらの学習を通してよりよく課題を解決しようとする資質や能力の育成を目指しています。

2 育てようとする資質や能力及び態度

【キャリア教育】

人間関係形成能力や情報活用能力のベースとなる「聴く力」「コミュニケーション力」を身に付け，体験を通して生き方を学びます。

【健康教育】

体力及び健康の維持増進に向けてセルフコントロールできる力を身に付けます。

【日本と世界】

日本の伝統文化及び異国文化を学び，国際人としての資質・能力を身に付けます。

3 内容

【キャリア教育】職業調べ，履歴書書き，職場体験学習の実施。討論や意見文の発表。

【健康教育】体つくり講座，アーリーモーニング，心と体の元気アップ講座，身体活動量調査，朝食プロジェクト，薬物乱用防止。

【日本と世界】和装礼法学習，落語に学ぶ，留学生が先生，ふすま教室，歌舞伎教室。

4 その他の特色ある教育活動

新聞教育(NIE)，メディアリテラシー，メディアコントロール，茶道，がん教育，歌舞伎，救命救急，誕生学，睡眠教育，江戸めぐり(校外活動)，地域の人に話を聴く会，社会人の話を聴く会，栄養士講話，成長期の運動と食事，集団討論と上級学校調べ。

令和元年度　　世田谷区立尾山台中学校　総合的な学習の時間　全体計画

学校の教育目標
・豊かな心　　　・学ぶ意欲　　　・心身の健康　　　・集団生活の向上

法的根拠	総合的な学習の時間の目標	社会からの要請
日本国憲法　教育基本法 学校教育法　学習指導要領	探究的な見方・考え方をはたらかせ，横断的・総合的な学習を行うことを通して，よりよく課題を解決し，自己の生き方を考えていくための資質・能力を次のとおり育成することを目指す。 (1) 探究的な学習の過程において，課題の解決に必要な知識及び技能を身に付け，課題に関わる概念を形成し，探究的な学習のよさを理解するようにする。 (2) 実社会や実生活の中から問いを見いだし，自分で課題を立て，情報を集め，整理・分析して，まとめ・表現することができるようにする。 (3) 探究的な学習に，主体的・協働的に取り組むとともに，互いのよさを生かしながら，積極的に社会に参画しようとする態度を養う。	豊かな人間関係の育成 ・心情を育てる ・社会体験や自然体験 ・地域に開かれた学校
学校や地域の実態 ・保護者に卒業生が多く，協力的である。 ・地域，商店街についても協力的であり，様々な交流がある。		**教員の願い** ・自分で考え，行動する態度の育成 ・望ましい人間関係の育成 ・自分の将来の見通しをもち，行動できる態度の育成 ・地域に開かれた学校
保護者の願い ・自分の将来について主体的に考え，自己実現してほしい。 ・心身ともに健康に育ってほしい。		

全体テーマ　　「樂校」

学年		第1学年	第2学年	第3学年
テーマ		みつめる	たかめる	かかわる
キャリア学習		・自己を知り，適切な人間関係を養う。 ・身近な職業を知り，仕事に従事する人の話を聞いたり，職業について調べて発表したりすることを通して，働くことについて広く知る。	・職場体験を通して，職業に従事することの意味を知り，将来に向けての自己のキャリアを考える。 ・上級学校について調べることを通して，自己の将来について考え，自己の進路についての正しい価値観を形成する。	・自分の興味関心をもつことを主体的に調べ，発表する活動を通して，思考力や表現力を養う。 ・上級学校進学等に向けて自己の適性を知ることにより，主体的に自己実現をする。
健康教育		・心と体の元気アップ講座を通して，健康に生活することを知る。 ・食と栄養について，栄養士の先生の講話を聴いたり，調べ学習をしたりすることを通して知る。	・健康教育を通して，正しい食生活を知り，自己の体力増強について考える。	・各種健康教育の課題を学ぶことを通して，安全や健康に生きることについて必要な考え方や心構えを知り，将来に生かす。
日本と世界		・日本の伝統芸能である落語の講話を聴くことにより，日本文化について知る。	・日本の文化施設の調べ学習や見学，発表することを通して，日本文化を知る。 ・日本の伝統芸能である落語の講話を聴くことにより，日本文化について知る。	・日本の文化施設の調べ学習や見学，発表することを通して，日本に誇りをもち，世界に向けて発信できる力を養う。 ・日本の伝統芸能である落語や茶道，着付けについて学ぶことにより，日本文化について知り，日本のよいところを生活に取り入れる姿勢を養う。
探究課題の解決を通して育成を目指す具体的な資質・能力	知識・技能	・自分の適性を知り，自分の可能性について考えることができる。 ・他者との違いを寛容に受け止めることができ，人間関係に生かそうとすることができる。 ・身近な職業について調べ，新聞形式でまとめることができる。 ・相手にわかりやすいように発表することができる。	・職場体験を行うにあたり，必要なマナーや言葉遣いを知り，活用することができる。 ・体験先の人たちとコミュニケーションを積極的にとり，仲間と協働して活動を滞りなく行うことができる。 ・健康や食についての基本的な知識を養う。 ・学習した内容をまとめ，相手にわかりやすく発表することができる。	・自己の意見をまとめるにあたり，今までに学習したことがらを活用しながら，自ら課題を設定し，調べ，まとめ，わかりやすく発表することができる。 ・上級学校に関心をもち，自己の適性を踏まえながら進路について考えることができる。 ・日本の文化を知り，日本のよいところをまとめ発信する技能を養う。
	思考力・判断力・表現力等	**課題の設定** ・活動の意義や目的を明確にし，課題を見いだしている。 ・課題の解決の方法や手順を考え，見通しをもって計画を立てることができる。		
		情報の収集 ・目的に応じて手段を選択し，情報を収集し，適切な方法で活用することができる。 ・他者の意見や課題解決の方向性から，必要な情報を取捨選択することができる。		
		整理・分析 ・問題状況における事実や関係性を把握し，分類して多様な情報を処理することができる。 ・事象や考えを比較し，道筋を立てて考えることにより，視点を定めて多様な情報を分析することができる。		
		まとめ・表現 ・調べたり考えたりしたことをまとめ，相手や目的，意図に応じて論理的に表現することができる。 ・各教科等で身に付けた技能を活用して表現することができる。		
		振り返り ・学習の仕方や進め方を振り返り，学習や生活に生かそうとする。 ・自己の活動を振り返り，次の活動に生かそうとする。		
	学びに向かう力・人間性等	**主体性** ・自己の意志で目標をもって，課題解決に向けた探究課題に取り組もうとする。		
		協調性 ・自己のよさを生かしながら，協力して問題の解決に向けた探究課題に取り組もうとしている。		
		自己理解 ・探究的な活動を通して，自分の生活及び地域との関わりを見直し，自分の特徴やよさを理解している。		
		他者理解 ・探究的な活動を通して，異なる意見や他者の考えを受け入れ，尊重しようとしている。		
		社会参画 ・探究的な活動を通して，積極的に社会や生活の中にある問題の解決に取り組むとともに，地域の活動に参画しようとしている。		

【学習活動】	【指導方法】	【指導体制】	【学習評価】
・生徒の実態や地域の様子を踏まえて，課題の設定をする。 ・地域の人，ものを生かして学習活動を行う。 ・学習成果を評価する場を設ける（学芸発表会など）。	・個に応じた指導の工夫を行う。 ・体験活動を重視する。 ・各教科等との関連を重視した指導を行う。 ・言語により，情報を整理分析したり，まとめ表現したりする学習活動を行う。 ・協働的な学習を充実させるため，思考ツールを活用する。	・全校指導体制を組織する。 ・企画委員会等における校内の連絡調整と指導体制の確立を行う。 ・学校図書館司書と協力して，学校図書館利用の充実を図る。 ・地域の人材を活用する。	・ポートフォリオを活用した評価の充実を図る。 ・個人内評価を重視する。 ・指導と評価の一体化を図る。 ・授業分析による学習指導の評価を重視する。 ・学年末に指導計画の評価改善を行い，来年度の計画を立てる。

【各教科などとの関連】

各教科等	道徳教育	特別活動
・学ぶ意欲と他の意見を傾聴する力の向上を図る。 ・探究的な学びの素地を養う。 ・わかる授業，活気のある授業の展開を図る。 ・知識及び技能の習得と活用を図る。	・「特別の教科　道徳」の新しい価値項目と関連した力の育成。 ・道徳的実践力を活用して，他者との協働活動を行う。 ・指導の重点項目 「真理の探究」「感謝，思いやり」 「社会参画，公共の精神」「相互理解，寛容な心」	・集団活動に，自主的，実践的に取り組み，互いのよさや可能性を発揮しながら，集団や自己の生活上の課題を解決する。 ・合意形成や意思決定できるようにする。 ・役割を分担して，協力して実践する。

【地域との連携】

【学び舎との連携】
・小学校での学習内容の確認
・キャリア教育との関連と連続
【世田谷区中学校教育研究会との連携】
・総合的な学習の時間の目標，内容，年間指導計画等の交流を図る。
・指導方法や学習評価についての情報交換
【上級学校に向けて】
・出前授業や調べ学習を活用する。

II 総合的な学習の時間の実践事例

第3学年 日本と世界　日本文化−食物と自然−「発酵文化～味噌作り～」
（カリキュラム・マネジメント：家庭科，理科）

1. 年間指導計画

　第3学年総合的な学習の時間では，テーマ「かかわる」の中で，キャリア学習として意見文の取り組みや進路学習，健康教育の中で健康教育の課題について学び，日本と世界では，日本文化に関わる学習を通して，自己と自分を取り巻く周囲との関わりについて考え表現する学習を行います。また，本校の総合的な学習の時間では，学びがその学習の中で完結するのではなく，教科と関連付けたカリキュラム・マネジメント（教科横断的学習）を通して，多面的・多角的にとらえ，総合的な学びとなるよう工夫を行なっています。

図　第3学年総合的な学習の時間　年間計画（抜粋）

注）矢印と教科はカリキュラム・マネジメントを示している。

2. 単元計画

(1)単元設定の理由

　3学年「日本と世界」では，私たちの日常生活の基盤である「衣」・「食」・「住」を中

心に身近な生活の中からいくつかの話題を取り上げ，日本の文化について調べたり体験したり，考え表現する学習を行っています。それを通して，日本文化のよさを知り，これからの生活を豊かにしていくきっかけとしていくことを目標としています。発酵文化の学習は，「食」の単元「食物と自然」に位置付けられています。本単元では，まず日本の食文化における「旬」の食材を生かしたよさについて考え，食の保存について調べます。そしてその学習から，発酵文化の学習につなげていきます。

　発酵文化の学習では，体験的な学習として「味噌作り」を行います。この学習では，第2学年家庭科「加工食品」を既習事項とし，この学習を行っています。また，同時期に理科においては，単元「自然界のつり合い」で微生物の働きについて学習しています。ここでは，発展学習として味噌の発酵に使用する「コウジカビ」を教材化し，観察・実験からコウジカビの働きについて理解します。このように総合的な学習の時間を軸に家庭科，理科とカリキュラム・マネジメントを行うことで，発酵文化の学習を総合的にとらえ，生徒にとって深い学びとなることをねらいとしています。

(2)単元の目標(本題材に関わる部分のみ抜粋)
・発酵について学び，体験することで発酵と食文化のつながりについて考えを深める(総合)。
・観察を通して，コウジカビの体のつくりについて理解する(理科)。
・実験を通してコウジカビの働きを考察することで，植物，動物及び微生物を栄養の面から相互に関連付けて理解するとともに，自然界ではこれらの生物がつり合いを保って生活していることを見いだす(理科)。

(3)単元の評価規準(本題材に関わる部分のみ抜粋)
・発酵について学び，体験することで発酵と食文化のつながりについて考えを深めることができたか(総合)。
・観察を通して，コウジカビの体のつくりを理解することができたか(理科)。
・実験でコウジカビの働きを考察することで，植物，動物及び微生物を栄養の面から相互に関連付けて理解するとともに，自然界ではこれらの生物がつり合いを保って生活していることを見いだすことができたか(理科)。

(4)単元の指導計画(総合的な学習の時間：5時間，理科：3時間)

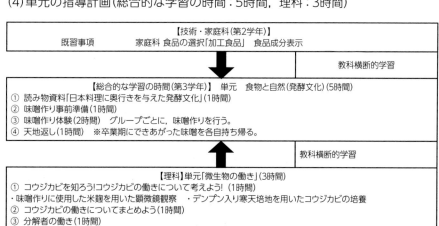

3. 学習活動の実際

　従来は，第3学年総合的な学習の時間の中でのみ味噌作り体験を行ってきましたが，学校全体で教育課程を見直した際，同じ第3学年理科の自然界のつり合いについての学習と学習時期を合わせ，総合的な学習の時間と理科のカリキュラム・マネジメント(教科横断的学習)を行いました。

(1)総合的な学習の時間における学習

①読み物資料の活用

　まず，これからの学習では，前時に学習した食品の保存の中で発酵を利用した食品について学習していくことが伝えられ，読み物資料「日本料理に奥行きを与えた発酵文化」を活用し，身の回りで実際に発酵を利用した食品にはどのようなものがあるかを考えました。

②味噌作り事前準備

　味噌の作り方を理解し，事前に容器の消毒や，大豆を水につけておく作業を行いました。大豆は，味噌作り体験当日に教師側であらかじめ水煮にしました。

味噌作りの様子

できあがった味噌

③味噌作り体験

　生徒は，味噌の材料となる大豆と米麹について基礎知識を身に付け，発酵前の大豆の水煮と乾燥麹を実際に食べました。生徒からは，「大豆は味がしない」，「ほんのり甘い」，「乾燥麹は味がしない」などの感想がありました。そして，いよいよ味噌作り体験。大豆をていねいに潰し，十分にほぐした乾燥麹と塩をよく混ぜ，それをテニスボール大に丸め，消毒した容器に並べました。最後に，班ごとにラベルを貼りました。ラベルは，2年次に家庭科で学習した食品の表示の学習で学んだことを生かし，味噌の商品名を決め，生産者の氏名等を記載しました。

④天地返し

　味噌作りから3ヵ月後に味噌を混ぜる作業を行いました。できた味噌をキュウリに付けて味見をしました。この学習で作った味噌は卒業期に自宅に持ち帰ります。

(2)理科における学習

①コウジカビの観察

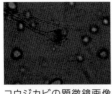
コウジカビの顕微鏡画像
(400倍)

　味噌作り体験で使用した乾燥麹少量を細かくほぐし，プレパラートを作成し，工学顕微鏡400倍程度で観察しました。生徒は，菌糸や胞子の観察から，コウジカビがどのようにして増えているかを学びました。

②コウジカビの培養実験

　コウジカビの働きについて考えるために，寒天培地を用いてコウジカビの培養を行いました。デンプンを含んでいる寒天培地の表面に，水に溶かした米麹を含んだ綿棒で字などを書いて蓋をし，数日放置しました。

　数日後に，寒天培地の表面にヨウ素液を滴下し，コウジカビが見られる場所とそうでない場所の違いを観察しました。コウジカビが見られない場所は，青紫色に染まり，コウジカビが見られる場所は染まらないことがわかりました。

コウジカビ観察の様子

コウジカビのスケッチ

　生徒は，この実験から，寒天培地に含まれていたデンプンがコウジカビにより分解されていることを考察していました。

実践事例編

コウジカビの培養実験

コウジカビ培養後の培地のヨウ素デンプン反応

③分解者の働き

前時のコウジカビの働きを学んだことをもとに，分解者である菌類や細菌類などの微生物の働きについて理解しました。

④授業後の生徒の感想

> 「カビ」は悪いものばかりではなく，働きによって，タンパク質やデンプンを分解する働きをもっていて，私たちの生活に役立っていることがわかった。

> 同じカビでも人間にとってよい効果をもたらす発酵と，有害になる腐敗があることがわかった。カビには悪いイメージしかなかったけれど，考えが変わるきっかけとなった。

> コウジカビは，胞子を出すことで，どんどん範囲が広がり，デンプンやタンパク質を分解することで，お酒や味噌に利用されることがわかった。

III 総合的な学習の時間　成果と課題

(1)本実践の成果

①生徒の学びがつながり深まる機会となったことです。総合的な学習の時間を中心に，同時期に理科と家庭科のカリキュラム・マネジメントによって，生徒が多面的に学ぶことのできる機会となりました。

②理科を学ぶ上で課題となる日常生活との関連についてです。コウジカビが大豆を分解することで，味噌が作られることを学ぶことにより，理科で学んだ分解者の役割が日常生活で役に立っていることが実感できる取り組みとなりました。

(2)本実践の課題

教員間の連携が挙げられます。総合的な学習の時間と各教科のカリキュラム・マネジメントを行うことは，教員同士が互いのカリキュラムを知るとともに，それぞれの視点や学びを整理して，教科を超えたカリキュラム編成が必要となります。互いに対話の時間を確保しチームでカリキュラム開発に取り組む必要があります。

(3)本実践の充実・発展に向けた今後の取り組み

①課題は，「キャリア教育」「健康教育」「日本と世界」を軸にしながらESDの視点を踏まえた「人権」「環境」「福祉」「減災・防災」「国際理解」「文化多様性」などの幅広いテーマを，各教科や自己の生活と関連付けながら設定していきます。また，「知りたい」「調べたい」「伝えたい」という内発的動機が生じるように各教科等において関心・意欲を高める授業に取り組みます。

②情報収集は，インターネットだけでなく，学校図書館の積極的活用を図ります。その際に，学級活動において学校図書館の意義や役割を理解させるとともに，図書委員会や司書と連携し「図書室利用ガイド」などを活用しながら日常的に図書に親しむ態度を育てます。分析については，多面的，多角的な視点や科学的根拠に基づいた思考が重要です。本校の取り組みである新聞教育（NIE）を通して論理的思考や複眼的思考を養います。

③まとめ・表現は，教科の学びを生かした多様な表現活動に取り組みます。

実践事例編

65

第7章 実践事例（高等学校）佐伯のチカラ巻き起こす「虹」の時間・「未来」の時間の授業デザイン　大分県立佐伯豊南高等学校

学校や地域に関する情報

(1) 学校規模

生徒数 573 名・教職員数 96 名／学科数4学科・学級数 16 学級　　（2019 年 12 月現在）

(2) 学校の教育活動の特色

平成 26(2014)年 4 月に佐伯鶴岡高等学校と佐伯豊南高等学校が統合して「佐伯豊南高等学校」が新設されました。食農ビジネス科(1)・工業技術科(1)・福祉科(1)・総合学科(2)の 4 科 5 クラス(4 期生までは総合学科 3 クラス，4 科 6 クラス)を併設する総合選択制の高校です。本校総合学科では 1 年次「産業社会と人間」，総合的な学習の時間として2年次「虹」の時間・3 年次「未来」の時間と名付け実施しています。「SHAプロジェクト〜佐伯〜」を立ち上げ，市役所や地元企業などと連携し地域創生を考えた授業に力を入れています。

(3) 地域の特色

佐伯市は総人口約 7 万人。大分県南部にあり宮崎県との県境に位置します。平成 18(2006)年の市町村合併にともない，佐伯市は「九州で一番大きな市」となりました。大分市から約 60km の場所に位置し，東側は日本有数のリアス式海岸地帯の豊後水道に面しており，内陸部は山々に囲まれて，佐伯市内を流れる一級河川の番匠川によって広がった平野部には市街地が拓けています。「佐伯の寿司は世界一」と言われ，「味力全開」をテーマに街づくりを進めている市です。

はじめに

大分県佐伯市教育委員会は「13 年間を見通した，幼児教育・生活科・総合的な学習の時間における育成を目指す資質・能力系統表」を平成 29(2017)年1月に作成しました(詳しくは 74・75 頁参照)。この「資質・能力系統表」は，園児・児童・生徒の目指すべき具体的な姿を段階的に設定したものです。この表を基にした本校の実践の一部を紹介します。

1. 本校での名称及び目標

本校総合学科では，1年次に「産業社会と人間」に取り組み，2年次より総合的な学習の時間を実施しています。2年次1単位(年間 35 時間)を「虹」の時間，3年次 2単位(年間 70 時間)を「未来」の時間と呼んでいます。2年次から3年次にかけて「生きる力」を育むことを大きな目的として，①生涯にわたって学習する態度を育成し，個性の伸長を図り自己の進路への自覚を深めて豊かな人間性を築くこと，②地域創生を意識した「SHAプロジェクト〜佐伯〜」に取り組み，問題解決能力やコミュニケーション能力の向上を目指すことを目標としています。

2. 育てたい資質・能力

総合学科で身に付けてもらいたい具体的な五つの力は，「見る力，聞く力，調べる力，まとめる力，発表する力」です。「見る」や「聞く」は，単に見聞きするだけでなく，

実践事例編

「見抜く力」であり，「聞き取る力」と言えるでしょう。そのために職業人講話や社会人講話，ワークショップなどを実施し，社会で必要な資質・能力とはどんなものかを知り，考えることができるようにしています。社会で活躍している方から直接話を聞くことにより，意見をまとめたり，発表したり，プレゼンテーション能力やコミュニケーション能力を高めたりすることへと繋がっていくのです。

3. 学習内容

2年次「虹」の時間・3年次「未来」の時間では，「九州一大きな市，佐伯のために今，高校生の私たちができること」を形にするため，地域創生を目指した「SHAプロジェクト」について取り組んでいます。「SHAプロジェクト」とは，SAIKI　HOUNAN ALL（佐伯豊南高校総合学科）の頭文字をとって名付けた取り組みです。2年次は，1名から数名のグループになり高校生の力で「佐伯」を盛り上げる活動に取り組みます。3年次は，一人1テーマの「個別テーマ研究」を展開しています。

佐伯豊南高等学校　総合学科

1年次 産業社会と人間 ➡ 2年次 「虹」の時間 ➡ 3年次 「未来」の時間

磨け自分力！きりひらけ未来！

「生きる力」をはぐくむことを大きな目的として、生涯にわたって学習する態度を育成し、個性の伸長を図り、自己の進路への自覚を深め、豊かな人間性を築く。

1年次 産業社会と人間 （総合学科 原則履修科目 2単位）

「産業社会と人間」を通じて、産業・職業の多様性や特徴をよく理解し、将来のあり方生き方について考えを深める。「見る力、聞く力、調べる力、まとめる力、発表する力」を身につける。

2年次 「虹」の時間 （総合的な学習の時間 1単位）

「生きる力」をはぐくむことを大きな目的として、生涯にわたって学習する態度を育成し、個性の伸長を図り、自己の進路への自覚を深め、豊かな人間性を築く。

3年次 「未来」の時間 （総合的な学習の時間 2単位）

地域創生を意識した「SHAプロジェクト～佐伯～」に取り組み問題解決能力やコミュニケーション能力の向上を目指す。

(1) 年間計画

年間計画は72・73頁のとおり。「虹」の時間は1単位で，指導体制は2年担任・副担任・学年主任・総合学科主任の計8名（平成30年度からはクラス減に伴い6名）。「未来」の時間は，3年担任・副担任・学年主任・総合学科主任（本年度は兼副担任）プラス教科のバランスを考えて計11名が担当しています。

(2) 3年次のテーマ決定までの流れ

2年次の「虹」の時間の後半で，分野別のグループ学習に取り組みます。各分野の調べ学習をしたりワークショップをしたりして，3年次の「未来」の時間の「個別テーマ」を決めるために検討を進めていきます。担任・副担任を中心とした個別面接を重ね，最終的に一人1テーマを決定しています。

4. 2年次の実践例

①「虹」の時間　ワークショップ

2年次の「虹」の時間で，分野別ワークショップを開催。テーマは観光，商品開発，デザイン，防災，医療福祉，イベント，歴史，国際，保育など。佐伯市役所をはじめ，地元の企業や青年会議所，別府大学などが協力。地域の方々と佐伯について考え，それぞれの活動の幅や可能性を広げ，次年度の「未来」の時間へ繋がる活動となりました。

　佐伯市役所との連携事業を活用した授業等も展開しています。例えば，県外の講師を招聘した社会人講話・東京の企業でのインターンシップ・ANAビジネスソリューションによるマナー講座など。株式会社まちづくり佐伯「さいき本舗城下堂」の協力による本校総合学科のアンテナショップ「豊南味来堂」の運営・イベント参加など地元企業の方々を講師に迎えたワークショップの開催（1〜3年総合学科・年間のべ60名以上の協力）や佐伯市大手前情報発信館や企業にて授業を実施。

　また，総合学科実践報告会には教育関係者・市役所・企業・卒業生などの地域の方々が参加できるようにしています（参観約70名）。探究的なアクティブ・ラーニングに取り組む中で，考えることを大切にし，問題（課題）解決能力を身に付け，コミュニケーション力を高めることができています。

②佐伯のチカラプロジェクト

　平成30（2018）年度は，2年次の1グループが「商品開発」を中心とした「佐伯のチカラ」プロジェクトを立ち上げました。「佐伯市民協働推進事業」を活用し，食農ビジネス科，家庭科職員などと連携して取り組みました。「芋」をテーマに苗を植え，育て，収穫。商品開発，コンテスト実施という一連の学習を展開。佐伯市立鶴岡小学校や地域の方，地元企業と協働した活動を実施。さらに校内スイーツコンテストを開催，佐伯市立蒲江翔南学園3年生など地元からも多数出品。佐伯市観光協会主催の「さいき食のスター誕生」で地元の甘酒と芋を活用して，「ぶんごの甘酒お芋パン」を提案しグランプリに輝きました。

　協働的な学びから，生徒たちの新たな挑戦が始まりました。「佐伯市食のまちづくり推進活動事業」へ応募。生徒2名がプレゼンを行い，活動資金を手にしてきました。今後この補助金を活用して次の研究へと繋げていきます。

5. 3年次「未来」の時間「SHAプロジェクト〜佐伯〜」個別テーマ研究　年間指導計画

●設定の理由

　地域創生を意識した「SHAプロジェクト〜佐伯〜」に取り組み，課題解決能力やコミュニケーション能力の向上を目指す。

●目標

1. 主体的に取り組み，創造力・企画力を高め他者と協働した活動ができる。

2. 地域理解・地域愛を深める。

3. 課題解決能力やコミュニケーション能力を身に付ける。

　「未来」の時間で，生徒が様々な体験学習を進めています。佐伯市役所をはじめ，地元企業，地域の方との繋がりを深め，グローバルな視点で活動することで，「人と人との繋がり」の大切さを実感し，「自分力」を磨き，コミュニケーション能力を高めることができるようになってきました。幼・小・中学校で学んで身に付けた力を各自が振り返り，課題を発見できたのであれば，高校での学びはより意義があります。自分自身が抱える課題や地域課題に前向きに取り組み，問題を解決しようとする生徒も増えてきました。

　　①「未来」の時間　ワークショップ

```
1. 単元名
　　「未来」の時間　「SHAプロジェクト～佐伯～」　ワークショップ

2. 単元設定の理由
　　「未来」の時間では、各生徒が個別研究を行っている。研究テーマやグループの
　枠にとどまらず、様々な立場や考えを持つ他者との関わりの中で協働の視点も取
　り入れながら、自分自身が設定したテーマについて考えを深め、研究に活用させ
　たいと考え本単元を設定した。

3. 単元の目標
　　他者との交流を通して、自分の考えを深め、コミュニケーション力を向上させる
　とともに、様々な資料や他者の意見を活用し、よりよく課題解決に繋げていくこ
　とができるようにする。
```

　3年次の「未来」の時間で他者との交流・協働を通して自分の研究を深めたり，発想のヒントを得たりすることをねらいとしてワークショップを実施。研究会を実施し，県内外からの参観者約20名にも参加していただきました。こちらの想定以上に生徒の変容が見られた1時間となりました。参観者や他の生徒との交流・協働を行う中で徐々に生き生きとした姿が見受けられるようになりました。

　当日の活動例の一部を紹介します。

テーマ	ワークショップでの活動内容
台湾研修	エレベータートーク形式で研究内容をプレゼンテーション
塩トマトで商品開発	塩トマトジャムを試作・参観者に試食してもらう
英語でパンフレット作成	佐伯の観光名所の中から掲載写真を参観者と選定

　特筆すべきは生徒の積極性です。活動の中でもっと知りたいという意欲が原動力となり，相手の目をしっかりと見ながら次々と質問や意見を繰り出し，堂々と渡り合っていました。他者との協働により得た新しい気づきが研究を深め，さらに次へと繋がっていくことを実感していく様子が見てとれました。地域へと一歩を踏み出し，積極的に人と関わっていくことの重要性に生徒自身が気づくことができた時間となりました。

②　北海道復興支援カレープロジェクト

＜学びの連鎖反応＞

　　「未来」の時間のカレーの研究を発展させて，「北海道復興支援カレー」を展開。北海道丘珠の農園からタマネギ，本校食農ビジネス科の食材や地元蒲江の魚介類を仕入れました。販売の前には，北海道胆振東部地震についての調べ学習を実施。北海道のみなさんへメッセージを書いて展示。北海道鵡川高校へ義援金とメッセージカード・DVDを送りました。その後，同校より「感謝の気持ち」が届きました。県内だけでなく北海道のメディアにも多く取り上げられ，九州と北海道を繋ぐ活動へと発展していきました。

○佐伯市バスク de さいきのイベントで自身の研究であるカレーを販売
↓
○仲間づくり・協力者
生徒のネットワーク・北海道の農園・佐伯市など
↓
○会場に本校生徒がたくさん来場
義援金を北海道鵡川高校へ送ることを決定
↓
○「虹」の時間や書道の時間で「北海道胆振東部地震」のことを
調べ学習し，メッセージカードを作成
↓
○そのメッセージカードで生徒がPV作成
（研究テーマが動画編集）
↓
○佐伯市長表敬訪問
↓
○鵡川高校に義援金とカードとDVDを贈る
↓
○北海道新聞・朝日新聞・札幌テレビ・大分合同新聞・
ケーブルテレビ佐伯などの取材
↓
○北海道鵡川高校より「感謝の気持ち」が届く

6　成果と今後の課題

　　自分力を伸ばす授業デザインとして，本校では「未来」の時間（総合的な学習の時間）で，「探究的なアクティブ・ラーニング」を目指しています。個別テーマ研究は，「テーマ設定→計画→実践→協働的な探究活動→まとめ・発表」という流れですが，基礎学力などを身に付けることの重要性や習得すべき知識・能力などを決して軽視するものではありません。探究的なアクティブ・ラーニングにおいて，知識をどう身に付けていくか。教師が教えるだけでなく，生徒が自ら調べることで知識は深められていきます。

　　教師の役割として「学びの方法」を教える支援・サポートすることが重要です。

生徒が探究的なアクティブ・ラーニングをするには，気づきや考えるという行為を，どこからどのような方法で学ぶかということが大切です。学びのスタイルの中に，とても大きな繋がりがあることに気づいてほしい。端的に言うと「仲間」「繋がり」でしょうか。他の生徒，企業，大学，佐伯市，地域の方々，専門学校，海外，保護者，職業人，そして教師。自分の個別テーマ研究をサポートしてくれる多くの人たちがいることを知ってもらいたいと思います。自分が何をどうしたいのか，そのために何が必要なのかを明確にするチャンスが日常生活の中にもたくさんあり，教師はそれに気づけるよう工夫しています。気づきのあった生徒たちが起こす次のアクションには，佐伯のチカラを巻き起こすだけのパワーがあると感じます。令和元年，生徒たちは北海道鵡川高校を訪問し，「∞3150（令和最高）佐伯パンフェス」の開催へ向けて主体的に動き始めました。彼らは未来を，世界を変える可能性を持っているのです。

　令和2（2020）年を前に，様々な活動がSDGs（注参照）に絡めて提案されることが多くなってきています。ワークショップの中でSDGsに取り組もうとしたきっかけは，地元企業の方がつけていたピンバッジからでした。社会の流れや，経済活動をタイムリーに知ることは大切です。

　「未来」の時間でも学習を進め，自分の研究が関連するもの，日々の生活がこのテーマと合致することに気づくようになっています。生徒の個別テーマ研究が，単に調べ学習に終わらず，佐伯はもちろん，全国，世界に通じる学習であることを意識して取り組んでもらいたいと考えます。小さな気づきが膨らんで，生徒の想いが大きくなっていきます。

　多くの先生方と出会い，小・中学校で関わった児童生徒の想いがどんなに大きくなって成長したのかを見てもらうことにも，とても喜びを感じています。13年間を見通し，育成を目指す資質・能力を踏まえた生活・総合の授業デザインについて目標とすることができつつあります。

　今後の課題としては，この協働的な学びの機会を一過性のものにせず，小・中学校での学びを踏まえた上で，総合的な学習（探究）の時間などに取り組み，生徒たちがこれまでに身に付けた力をより引き出せるような授業展開を目指すことです。佐伯を盛り上げる活動を展開し始めて5年。学びの連鎖反応が起こってきました。佐伯の地から，佐伯のチカラを再確認し，全国や世界へと発信中。問題解決能力とコミュニケーション能力を高め続けています。佐伯のすばらしさを伝えるとともに，さらに，一人ひとりの夢や希望を未来へと繋げていくようにしていくことが課題です。このような取り組みで，これから始まる「探究」の時間で，主体的・対話的で深い学びの実践を行っていきたいと思います。

*注：SDGsとは「Sustainable Development Goals（エス・ディー・ジーズ・持続可能な開発目標）」の略称です。SDGsは2015年9月の国連サミットで採択されたもので，国連加盟193か国が2016年から2030年の15年間で達成するために掲げた目標です。17の大きな目標と，それらを達成するための具体的な169のターゲットで構成されています。（イマコラボHP参考）

平成 30 年度 2 年次「虹」の時間の年間計画

回	実施日	時間数	単元	内容	形態	備考
1	4月18日	1	自己発見	オリエンテーション 「虹」の時間について SHAプロジェクト～佐伯～について	クラス	
2	5月2日	1	自己理解	自己を見つめて　マインドマップ 「虹」の時間を中心として	クラス	マインドマップ作成（カードに記入）
3	5月9日	1	相互理解	マインドマップで自分をプレゼンテーション	クラス	グループ活動
4	5月16日	1	相互理解	佐伯を知ろう～マインドマップで情報共有	クラス	グループ活動
5	5月30日	1	進路を見つめて	SHAプロジェクト～佐伯～　研究テーマを考える	クラス	プレゼン　（画用紙などにまとめる）
6	6月6日	1	進路を見つめて	学校見学事前学習	クラス	パソコン・資料などを使って（交代）
7	6月13日	2	進路を見つめて	学校見学（高大連携・別府大学）	一斉	終日・感想は課題で
8	6月20日	1	進路と自己実現	学校見学の振り返り・面接 （研究グループ・テーマについて）	クラス	
9	6月27日	1	進路と自己実現	面接（研究グループ・テーマについて）	クラス	
10	7月5日	1	進路と自己実現	面接（研究グループ・テーマについて）	クラス	
			職業理解	インターンシップ	2学年	10日～13日（学年・進路）
11	7月19日	1	進路と自己実現	外務省「高校講座」（外務省職員による講演）	一斉	＊7限LHRと2時間連続での実施
12	7月25日	1	進路と自己実現	研究グループの決定，夏休みのプロジェクトについて	クラス	
	夏休み		探究学習	◆夏休み課題　大分大学「なるほどアイデアコンテスト」出品準備，グループでの活動等		
13	9月5日	1	探究学習	グループ研究ガイダンス	一斉	
14	9月12日	1	探究学習	グループ研究（調査・研究）	グループ	
15	9月19日	1	探究学習		グループ	
16	9月26日	1	探究学習		グループ	
17	10月3日	1	探究学習		グループ	
18	10月17日	1	探究学習		グループ	
19	10月31日	2	進路と自己実現	佐伯市内6企業訪問事前学習	一斉	
20	11月7日	1	進路と自己実現	佐伯市内6企業訪問	一斉	
21	11月14日	1	進路と自己実現	佐伯市内6企業訪問の振り返り・まとめ	クラス	「6企業訪問新聞」の作成
22	11月21日	1	探究学習	グループ研究（調査・研究）	グループ	
23	11月28日	1	探究学習		グループ	
24	12月5日	1	探究学習		グループ	
25	12月12日	1	探究学習		グループ	
26	12月19日	1	探究学習	グループ研究（調査・研究・まとめ）	グループ	
	冬休み		探究学習	◆冬休み課題　「さいき食のスター誕生」「豊南高校スイーツコンテスト」「さいきサンライズフォトコンテスト」などへの出品準備		地元のコンテストへの応募
27	1月23日	1	探究学習	グループ研究（調査・研究・まとめ）	グループ	
28	1月30日	1	探究学習	総合学科実践報告会準備・リハーサル・グループ別研究	クラス	
29	2月6日	1	探究学習	個人面接（「未来」の時間テーマ決定に向けて）	クラス	
30	2月13日	1	探究学習	個人面接（「未来」の時間テーマ決定に向けて）	クラス	
31	2月27日	1	探究学習	分野別ワークショップ	クラス	＊7限LHRと2時間連続での実施
32	3月6日	1	進路と自己実現	社会人講話「夢実現へのメッセージ」	一斉	十和田バラ焼きゼミナール会長　畑中宏之氏・外務省官房報道課上席専門官 奥正史氏
33	3月20日	1	進路と自己実現	「虹」の時間のまとめ	クラス	
	総時間数	35				

平成 30 年度 3 年次「未来」の時間の年間計画

回	実施日	内　　容	時間数	備　　考
1	4 月 23 日	ガイダンス 個別面談・計画書確認	2	「未来」の時間について説明 担当者・使用教室等の紹介
2	5 月 7 日	図書館・パソコン室利用ガイダンス 個別面談・計画書確認	2	図書館，パソコン室の利用について説明
3	5 月 14 日	個別面談・計画書確認 個別テーマ研究①	2	研究テーマと今後の活動について話し合う 調査・研究
4	5 月 28 日	個別テーマ研究②	2	・研究テーマ，サブタイトルの確定 ・先行研究を含めた調べ学習，テーマの掘り下げ ・研究の見通し，手立てを考え，研究を進める ※6/ 18 を基準日としてワークショップ等を行う
5	6 月 4 日	個別テーマ研究③	2	
6	6 月 11 日	個別テーマ研究④	2	
7	6 月 18 日	個別テーマ研究⑤	2	
8	6 月 25 日	個別テーマ研究⑥	2	
9	7 月 9 日	中間発表の準備	2	研究内容や進捗状況，今後の見通し等について グループ内で一人ずつ発表を行う 発表形式については問わない
10	7 月 16 日	中間発表の準備 グループ内中間発表会	2	
11	7 月 23 日	グループ内中間発表会 夏休み中の指示	2	
	夏休み	現地調査・実践		「大分大学なるほどアイデアコンテスト」や「ビジネスプラン」など各種 コンテストへの応募，中間発表の反省をもとに研究を深める
12	9 月 10 日	個別テーマ研究⑦	2	・夏休みに実施した実践をもとに各自で調査・ 　実践・研究を進める ※ 10 ／ 1 を基準日としてワークショップ等を行う
13	9 月 17 日	個別テーマ研究⑧	2	
14	9 月 24 日	個別テーマ研究⑨	2	
15	10 月 1 日	個別テーマ研究⑩	2	
16	10 月 15 日	個別テーマ研究⑪	2	
17	10 月 29 日	個別テーマ研究⑫	2	
18	11 月 5 日	実践報告会に向けての準備・まとめ①	2	研究成果をまとめる ※実践報告会での発表形式については 10 月初めに告知。 　その形式に合う方法でまとめていく
19	11 月 12 日	実践報告会に向けての準備・まとめ②	2	
20	11 月 19 日	実践報告会に向けての準備・まとめ③	2	
21	11 月 26 日	実践報告会に向けての準備・まとめ④	2	
22	12 月 10 日	グループ内最終発表会	2	研究成果の発表(全員)
23	12 月 17 日	グループ内最終発表会，要約集原稿作成，実践報告会に向けての準備	2	研究成果の発表(全員)
	冬休み	実践報告会へ向けての準備		
24	1 月 14 日	要約集原稿作成 実践報告会に向けての準備	2	要約集原稿を作成する　発表会準備
25	1 月 21 日	要約集原稿作成 1 年間の振り返り	2	要約集原稿を作成する

○ワークショップ等は，各グループ(または複数)で適宜行う。　　○実践報告会については，1 月末実施の予定。

13年間を見通した，幼児教育・生活科・総合的な学習の時間における育成を目指す資質・能力系統表

「ふるさと創生事業」で目指す姿	

校　種			幼稚園	
段　階			ふるさとであそぶ	ふるさとにふれる
視　点		資質・能力が身についた園児・児童・生徒の全体像		
何を理解しているか，何ができるか（生きて働く「知識・技能」の習得）	知識・技能	○ふるさとのもの・人やそれらに対する思い・願いを理解している。 ○探究の過程に応じた技能を身につけている。	豊かな体験を通じて，感じたり，気付いたり，わかったり，できるようになったりする。「知識及び技能の基礎」	ふるさとには何があるか，それがどのような関係にあるか気付く。 自分自身の成長に気付く。 活動や体験を通して，習慣や技能を身につけている。
理解していること・できることをどう使うか（未知の状況にも対応できる「思考力・判断力・表現力等」の育成）	課題の設定	○物事を多面的に見たり考えたりして，課題を設定し追究している。	気付いたことや，できるようになったことなどを使い，考えたり，試したり，工夫したり，表現したりする。「思考力・判断力・表現力等の基礎」	ふるさとに関心を持っている。 身体全体でふるさとと関わっている。 進んでふるさとに働きかけている。
	情報の収集	○多様な着眼点から情報を収集している。		
	整理・分析	○自分の考えを，経験や知識と結びつけて分類・整理するなどして情報を扱っている。		比較したり分類したりして対象を捉えている。 違いに気付いたりよさを生かしたりして他者と関わり合い，試したり予測したりして創造している。
	まとめ・表現	○目的や意図に応じて，効果的に自分の考えをまとめ，表現している。		まとめたものを相手に伝えたり，交流したりして，表現している。
	ふり返り	○探究の過程をふり返り，自己の学びを深めている。		活動や体験をふり返り，生活に生かそうとしている。
どのように社会・世界と関わり，よりよい人生を送るか（学びを人生や社会に生かそうとする「学びに向かう力・人間性等」の涵養）	主体性	○より高い目標を立て，努力しようとしている。	心情，意欲，態度が育つ中で，よりよい生活を営もうとする「学びに向かう力・人間性等」	自分のよさや可能性を生かして，意欲と自信をもって生活しようとしている。
	自己理解	○自分の長所や短所を理解し，自己の生き方を考えている。		
	内面化	○経験したことを自分に生かし，次の課題に取り組もうとしている。		
	協同性（協働性）	○課題解決に向けて，他者と力を合わせて考え，実行しようとしている。		身近な人々やふるさとに関わり，集団や社会の一員として適切に行動しようとしている。 身近な自然と関わり，自然を大切にしたり，遊びや生活を豊かにしたりしようとしている。
	他者理解	○自分と異なる意見に耳を傾け，様々な立場の人から学ぼうとしている。		
	地域貢献	○伝統・文化の継承，ふるさと・社会との繋がりや発展について考えている。		

幼児期の終わりまでに育ってほしい10の姿

ふるさとを愛し，ふるさとの未来を創造する力

小学校		中学校	高等学校
ふるさとを感じて・知る	ふるさとについて考え・伝える	ふるさととともに未来を描く	ふるさとに向けて行動に生かす

資質・能力が身についた園児・児童・生徒の姿

ふるさとには何があるか，その特徴がわかる。情報を比較・分類するなど，探究の過程に応じた技能を身につけている。	ふるさとで暮らす人々やその土地のよさがわかる。情報を比較・分類・関連づけるなど，探究の過程に応じた技能を身につけている。	ふるさとと社会との関わりがわかる。情報を比較・分類・関連づけ・多面的に見るなど，探究の過程に応じた技能を身につけている。	ふるさとと自分との関わりがわかる。情報を比較・分類・関連づけ・多面的・構造化するなど，探究の過程に応じた技能を身につけている。
自分の関心からふるさとについての課題を設定し，解決方法を考えて追究している。	ふるさとの思いをふまえて課題を設定し，解決方法や手順を考え，見通しをもって追究している。	ふるさとと社会との関わりを考えて課題を設定し，仮説を立てて検証方法を考え，追究している。	ふるさとの未来に向けた課題を設定し，立てた仮説に適合した検証方法を明示して追究している。
教師の支援により手段を選択し，情報を収集している。	自分なりの手段を選択し，情報を収集している。	目的に応じて手段を選択し，情報を収集している。	目的に応じて臨機応変に適切な手段を選択し，情報を収集している。
問題状況における事実や関係を，事象を比較したり分類したりして理解し，多様な情報の中にある特徴を見付けている。	問題状況における事実や関係を，整理した情報を関連づけて理解し，多様な情報の中にある特徴を見付けている。	複雑な問題状況における事実や関係を，事象を比較したり因果関係を推論したりして理解し，視点を定めて多様な情報を分析している。	複雑な問題状況における事実や関係を，比較したり因果関係を推理したりして自分の考えを形成し，視点を定めて多様な情報から帰納的・演繹的に考えている。
相手に応じてわかりやすくまとめ，表現している。	相手や目的，意図に応じてわかりやすくまとめ，表現している。	相手や目的，意図に応じて論理的に表現している。	相手や目的，意図に応じて根拠を示して論理的に表現している。
学習したことをふり返り，生活に生かそうとしている。	学習の仕方をふり返り，学習や生活に生かそうとしている。	学習の仕方や進め方をふり返り，学習や生活に生かそうとしている。	学習の仕方や進め方を内省し，現在及び将来の学習や生活に生かそうとしている。
課題の解決に向けて，探究活動に取り組もうとしている。	課題の解決に向けて，探究活動に進んで取り組もうとしている。	課題に誠実に向き合い，解決に向けて探究活動に進んで取り組もうとしている。	課題に真摯に向き合い，より適切な解決に向けて探究活動に進んで取り組もうとしている。
自分のよさや自分のできることに気付き，課題解決に向けて取り組んでいる。	自分らしさを発揮して探究活動に向き合い，課題解決に向けて取り組んでいる。	自分のよさを生かしながら探究活動に向き合い，責任をもって探究活動に取り組んでいる。	自分の特徴を生かし当事者意識をもって探究活動に向き合い，計画的に着実に探究活動に取り組んでいる。
探究的な課題解決の楽しさを味わい，次の課題に取り組もうとしている。	探究的な課題解決の経験を自信につなげ，次の課題へ進んで取り組もうとしている。	探究的な課題解決の経験を自己の成長と結びつけ，次の課題へ積極的に取り組もうとしている。	探究的な課題解決の経験の蓄積を自己肯定へとつなげ，さらに高次の課題に取り組もうとしている。
課題解決に向けて，身近な人と協働して探究活動に取り組んでいる。	課題解決に向けて，他者と協働して探究活動に取り組んでいる。	課題解決に向けて，互いの特徴を生かして協同的に探究活動に取り組んでいる。	課題解決に向けて，互いを認め特徴を生かし合い，協同的に探究活動に取り組んでいる。
自分と異なる意見や考えがあることを知り，探究活動に取り組もうとしている。	異なる意見や他者の考えを受け入れながら，探究活動に取り組もうとしている。	異なる意見や他者の考えを受け入れながら，探究活動に向き合い，互いを理解しようとしている。	異なる意見や他者の考えを受け入れながら，探究活動に向き合い，互いを尊重し理解しようとしている。
自分とふるさととのつながりに気づき，ふるさとの活動に参加しようとしている。	自分とふるさととの関わりを考えながら，進んでふるさとの活動に参加しようとしている。	ふるさとと自分・社会との関わりを考えながら，積極的にふるさとの活動に参加しようとしている。	ふるさとと自分とのあり方を考えながら，よりよい社会の実現に向けて活動に参加しようとしている。

第1章から第7章の理論，実践等の根拠となる法令，教職課程コアカリキュラムなどを掲載しています。

総合的な学習の時間・創設とこれまでの経緯

＊昭和 51 年以来の研究開発学校等において実践研究。

平成8(1996)年7月	中央教育審議会「21世紀を展望した我が国の教育の在り方について」(第一次答申)		資料①
平成10(1998)年7月	教育課程審議会答申	総合的な学習の時間の創設の提言 ＊1	資料②
平成10(1998)年12月	小・中学校学習指導要領告示 [平成12(2000)年4月より実施可, 平成14(2002)年4月より全面実施]	総合的な学習の時間の創設	資料③
平成11(1999)年3月	高等学校学習指導要領告示 [平成12(2000)年4月より実施可, 平成15(2003)年4月年次進行で実施]		
平成15(2003)年12月	学習指導要領の一部改正 [公布日施行, 高校は平成15(2003)年4月入学生から適用]	総合的な学習の時間の一層の充実　＊2	
平成20(2008)年1月	中央教育審議会答申	総合的な学習の時間の必要性と重要性の再確認 ＊3	
平成20(2008)年3月	小・中学校学習指導要領告示 [平成21(2009)年4月〜先行実施]		
平成21(2009)年3月	高等学校学習指導要領告示 [平成22(2010)年4月〜先行実施]		
平成29(2017)年	幼・小・中学校学習指導要領改訂告示		資料④
平成30(2018)年	高等学校学習指導要領改訂告示		

＊1：各学校が創意工夫を生かした特色ある教育活動を展開できるような時間を確保。
　　社会の変化に主体的に対応できる資質や能力を育成するために，教科等を超えた横断的・総合的な学習をより円滑に実施するための時間を確保。
＊2：各教科等の知識や技能等を相互に関連付けること。
　　各学校における目標・内容の設定と全体計画の作成。
　　教師による適切な指導や教育資源の活用。
＊3：位置付けの明確化や，横断的・総合的な学習や探究的な学習の明確化を提言。
文部科学省「総合的な学習の時間設置の経緯」を基に作成。

資料①　「平成 8 年　中央教育審議会　第一次答申」(関係部分の抜粋)

資料②　「平成 10 年　教育課程審議会　答申」(関係部分の抜粋)

資料③　「小学校学習指導要領総則　第 3 総合的な学習の時間の取扱い (平成 10 年 12 月告示)」

資料④ -1「小学校学習指導要領 (平成 29 年 3 月告示)」(第 1 章総則，第 5 章)

資料④ -2「中学校学習指導要領 (平成 29 年 3 月告示)」(第 4 章)

資料④ -3「高等学校学習指導要領 (平成 30 年 3 月告示)」(第 1 章総則，第 4 章)

資料⑤　「教職課程コアカリキュラム　総合的な学習の時間の指導法」

資料⑥　「関係法令」—日本国憲法 11・14・26 条／教育基本法／学校教育法 (関係部分の抜粋)

資料⑦ -1「学校教育法施行規則」(関係部分の抜粋)

資料⑦ -2「学校教育法施行規則　別表第一・第二」

資料⑧　「小学校，中学校，高等学校及び特別支援学校等における児童生徒の学習評価及び指導要録の改善等について (通知)」(平成 31 年 3 月 29 日)

資料⑨　「各教科等の評価の観点等及びその趣旨」(資料⑧の通知における別紙からの抜粋)

資料⑩　「地方教育行政の組織及び運営に関する法律」(関係部分の抜粋)

「21世紀を展望した我が国の教育の在り方について」

第2部　学校・家庭・地域社会の役割と連携の在り方
第1章　これからの学校教育の在り方
(1) これからの学校教育の目指す方向
[1] これからの学校

　いまだ成長の過程にある子供たちに，組織的・計画的に教育を行うという学校の基本構造はこれからも変わらないが，これまで，第1部で述べてきたことを踏まえるとき，これからの学校は，[生きる力]を育成するという基本的な観点を重視した学校に変わっていく必要がある。

　我々は，これからの学校像を次のように描いた。

　まず，学校の目指す教育としては，

　(a) [生きる力]の育成を基本とし，知識を一方的に教え込むことになりがちであった教育から，子供たちが，自ら学び，自ら考える教育への転換を目指す。そして，知・徳・体のバランスのとれた教育を展開し，豊かな人間性とたくましい体をはぐくんでいく。

　(b) 生涯学習社会を見据えつつ，学校ですべての教育を完結するという考え方を採らずに，自ら学び，自ら考える力などの[生きる力]という生涯学習の基礎的な資質の育成を重視する。

　そうした教育を実現するため，学校は，

　(c) [ゆとり]のある教育環境で[ゆとり]のある教育活動を展開する。そして，子供たち一人一人が大切にされ，教員や仲間と楽しく学び合い活動する中で，存在感や自己実現の喜びを実感しつつ，[生きる力]を身に付けていく。

　(d) 教育内容を基礎・基本に絞り，分かりやすく，生き生きとした学習意欲を高める指導を行って，その確実な習得に努めるとともに，個性を生かした教育を重視する。

　(e) 子供たちを，一つの物差しではなく，多元的な，多様な物差しで見，子供たち一人一人のよさや可能性を見いだし，それを伸ばすという視点を重視する。

　(f) 豊かな人間性と専門的な知識・技術や幅広い教養を基盤とする実践的な指導力を備えた教員によって，子供たちに[生きる力]をはぐくんでいく。

　(g) 子供たちにとって共に学習する場であると同時に共に生活する場として，[ゆとり]があり，高い機能を備えた教育環境を持つ。

　(h) 地域や学校，子供たちの実態に応じて，創意工夫を生かした特色ある教育活動を展開する。

　(i) 家庭や地域社会との連携を進め，家庭や地域社会とともに子供たちを育成する開かれた学校となる。

　このような「真の学び舎」としての学校を実現していくためには，学校の教育活動全体について絶えず見直し，改善の努力をしていく必要があるが，教育内容については，特に，次のような改善を図っていく必要がある。

[2] 教育内容の厳選と基礎・基本の徹底

　[1]で述べたように，これまでの知識の習得に偏りがちであっ

た教育から，自ら学び，自ら考える力などの[生きる力]を育成する教育へとその基調を転換していくためには[ゆとり]のある教育課程を編成することが不可欠であり，教育内容の厳選を図る必要がある。

　教育内容の厳選は，[生きる力]を育成するという基本的な考え方に立って行い，厳選した教育内容，すなわち，基礎・基本については，一人一人が確実に身に付けるようにしなければならない。豊かで多様な個性は，このような基礎・基本の学習を通じて一層豊かに開花するものである。この意味で，「あまりに多くのことを教えることなかれ。しかし，教えるべきことは徹底的に教えるべし」というホワイトヘッド(1861-1947 イギリスの哲学者)の言葉を改めてかみしめる必要がある。

　教育内容の厳選は，学校で身に付けるべき基礎・基本は何か，各学校段階や子供たちの心身の発達段階に即して適当なものは何かを問いつつ，徹底して行うべきであり，教育内容の厳選を，これからの学校の教育内容の改善に当たっての原則とすべきである。

　また，学校教育に対しては，社会の変化等に伴い，絶えずその教育内容を肥大化・専門化させる要請があると考えられるが，学校教育で扱うことのできるものは，時間的にも，内容の程度においても，一定の限度があることは言うまでもない。したがって，新たな社会的要請に対応する内容を学校教育で扱うこととすることについては，教育内容を厳選するという原則に照らし，学校外における学習活動との関連も考慮しつつ，その必要性を十分吟味する必要がある。そして，新たな内容を学校教育に取り入れる場合は，その代わりに，社会的な必要性が相対的に低下した内容を厳選する必要がある。

(育成すべき資質・能力)

　このような考え方に立って，初等中等教育においては，学校段階や子供たちの心身の発達段階によって，その程度，内容，重点の置き方等が異なるものの，特に，次のような資質・能力の育成を重視し，教育内容を基礎・基本に絞り，その厳選を図る必要がある。

　(a) 国語を尊重する態度を育て，国語により適切に表現する能力と的確に理解する能力を養うこと。

　(b) 我が国の文化と伝統に対する理解と愛情を育てるとともに，諸外国の文化に対する理解とこれを尊重する態度，外国語によるコミュニケーション能力を育てること。

　(c) 論理的思考力や科学的思考力を育てること。また，事象を数理的に考察し処理する能力や情報活用能力を育てること。

　(d) 家庭生活や社会生活の意義を理解し，その形成者として主体的・創造的に実践する能力と態度を育てること。

　(e) 芸術を愛好し，芸術に対する豊かな感性を育てること。また，運動に親しむ習慣，健康で安全な生活を生涯にわたって送る態度の基礎を育てること。

　(f) 他人を思いやる心，生命や人権を尊重する心，自然や美しいものに感動する心，正義感，公徳心，ボランティア精神，

郷土や国を愛する心，世界の平和，国際親善に努める心など豊かな人間性を育てるとともに，自分の生き方を主体的に考える態度を育てること。

（ 教育内容の厳選の視点 ）

　現行の学習指導要領の改訂等に当たっては，これからの学校教育で育成すべき資質・能力を踏まえ，少なくとも次のような視点に立って教育内容の厳選を行うことが必要であると考える。その際には，学校生活に[ゆとり]を持たせるためにも，全体として授業時数の縮減を行うことが必要である。それを，小・中学校での例で示せば，次のとおりである。

　(a) 中学校社会科の地理における諸地域の産業や生産物等の詳細かつ網羅的な学習，歴史における各時代の詳細な文化史，中学校理科の生物における動物の詳細な器官名や消化酵素名など，実際の指導において単なる知識の伝達や暗記に陥りがちな内容の精選を図る。

　(b) 中学校の古典の指導においては，古典に親しむことに重点を置き，文語文法に深入りしないようにすることや，小・中学校の国語におけるあらゆる文学形式の丹念な読解，中学校の外国語における関係代名詞や不定詞を用いた文型で実生活では使うことが少ない表現方法，精密な文法構造の解釈など，実際の指導において，内容の取扱いが行き過ぎになりがちな内容の精選を図る。

　(c) 小学校理科における天体に関する内容，中学校理科における電流や遺伝に関する内容のうち子供たちにとって高度になりがちな内容，算数の理解度に差が生じ始める小学校中・高学年からの算数・数学の内容 (分数や関数の一部など) など，各学校段階の子供たちにとって理解が困難な内容については，精選又は上学年や上級学校への移行を行う。

　(d) 我が国の歴史に関する学習などは繰り返し学習することの効果もあるが，小学校と中学校とでいわゆる通史を二度行わないようにすることや，体育における各種の運動を子供たちが発達段階や適性等に応じて適切に履修できるようにすることなど，学校段階における重点の置き方に一層の工夫を加えるなどして，各学校段階間又は各学年間で重複する内容については，できるだけ精選を図る。

　(e) 音楽における各種の奏法，美術における各種の表現方法，技術・家庭における電気機器の仕組みや各種の被服製作など，学校外活動や将来の社会生活で身に付けることが適当な内容の精選を図る。

　(f) 環境や人の成長・健康に関する内容をはじめとして各教科間で重複する内容は，総合的な学習等を行うまとまった時間を設定することや各教科間の関連的な指導を一層進めることなどを考慮し，精選を図る。

　(g) 特別活動については，教科の学習や学校外活動等との関連を考慮しつつ，その実施や準備の在り方などを見直し，精選を図る。

[3] 一人一人の個性を生かすための教育の改善

　[生きる力]をはぐくむ上では，一人一人の個性を生かした教育を行うことは極めて重要であり，そうした観点から，教育課程の弾力化，指導方法の改善，特色ある学校づくり等を一層進める必要がある。

（ 小・中学校における改善 ）

　小・中学校においては，教育内容の厳選によって生じる[ゆとり]を生かし，[ゆとり]を持った授業の中で，子供たちの発達段階に即し，ティーム・ティーチング，グループ学習，個別学習など指導方法の一層の改善を図りつつ，個に応じた指導の充実を図る。また，自ら学び，自ら考える教育を行っていく上でも，問題解決的な学習や体験的な学習の一層の充実を図る。

　とりわけ，中学校においては，小学校で培われた資質や能力をよりよく向上させるとともに，義務教育段階ではあるものの，小学校と比べ，生徒の能力・適性，興味・関心等の多様化が一層進む時期であることを踏まえ，生徒の特性等に応じることができるよう，履修の選択幅の一層の拡大を図る必要がある。

　このため，共通に履修させる部分を厳選し，選択教科に充てる授業時数を拡大するとともに，各教科等の授業時数の選択幅の拡大など教育課程の一層の弾力化を図る。

　また，特色ある学校づくりを推進するため，その学校や地域の実態に応じて，創意工夫が十分発揮できるよう，小・中学校を通じて教育課程の一層の弾力化を図る必要がある。各学校が，それぞれに努力するとともに，教育委員会は，こうした学校の努力を積極的に支援していく必要がある。

（ 高等学校における改善 ）

　高等学校においては，生徒の能力・適性，興味・関心等の多様化の実態を踏まえるとともに，生徒の長所や特技を伸ばし，それぞれの個性に応じ，基礎・基本を深めさせることが必要である。

　このため，指導方法について，小・中学校と同様の改善を図るとともに，教育内容については，すべての生徒が共通に履修するものを最小限度にとどめることとして，必修教科・科目の内容とその単位数を相当程度削減するとともに，生徒が自らの在り方や生き方に応じて選択する教科・科目の拡大など教育課程の一層の弾力化を図る必要がある。

　また，生徒の多様な学習ニーズにこたえるため，他の高等学校や専修学校における学習成果を単位認定する制度の一層の活用を図っていく必要がある。

　さらに，生徒の学校外における体験的な活動や，自らの在り方・生き方を考えて努力した結果をこれまで以上に積極的に評価していくこととし，ボランティア，企業実習，農業体験実習，各種資格取得，大学の単位取得，文化・スポーツ行事における成果，放送大学の放送授業等を利用した学習，各種学校・公開講座等における学習，テレビやインターネット，通信衛星などマルチメディアを利用した自己学習などについて，各高等学校の措置により，高等学校の単位として認定できる道を開くことを積極的に検討していく必要がある。

　このほか，自己の能力・適性，興味・関心等に基づき進路変更したり，職業経験・社会経験を通して得た問題意識を持って再度高等学校で学習できるようにするため，各高等学校において，高校生の他校・他学科への移動の可能性を積極的に広げるとともに，高等学校を一度離れた者が様々な経験を経た上で希望すれば学校に戻ることができるような道を格段に広げていく必要がある。

また，特色ある学校づくりを推進するため，小・中学校同様，その学校や地域の実態に応じて，創意工夫が十分発揮できるよう，教育課程の一層の弾力化を図る。特に高等学校教育の個性化・多様化は大きな課題であり，各学校が，それぞれに一層努力するとともに，教育委員会は，こうした各学校の努力を積極的に支援していく必要がある。

総合学科については，当面，生徒の教育の機会を確保するため，通学範囲には必ず用意されているよう整備を進めることが必要である。

[4] 豊かな人間性とたくましい体をはぐくむための教育の改善

先に述べたとおり，豊かな人間性やたくましく生きるための健康や体力は，[生きる力]を形作る大きな柱である。

これまでにもしばしば指摘されてきたことであるが，よい行いに感銘し，間違った行いを憎むといった正義感や公正さを重んじる心や実践的な態度，他人を思いやる心，生命や人権を尊重する心，美しいものに感動する心，ボランティア精神などの育成とともに，学校教育においては，特に，集団生活が営まれているという特質を生かしつつ，望ましい人間関係の形成や社会生活上のルールの習得などの社会性，社会の基本的なモラルなどの倫理観の育成に一層努める必要がある。

また，子供たちの発達段階を踏まえながら，人間としての生き方や在り方を考えさせることも大切であり，特に勤労観や職業観の育成を図ることの重要性も指摘しておきたい。

このような豊かな人間性をはぐくむための教育は，道徳教育はもちろんのこと，特別活動や各教科などのあらゆる教育活動を通じて一層の充実を図るべきであるが，その際には，特に，ボランティア活動，自然体験，職場体験などの体験活動の充実を図る必要があると考える。

また，たくましく生きるための健康や体力をはぐくむために，健康教育や体育が重要であることは改めて言うまでもない。これらについては，教科における指導はもとより，あらゆる教育活動を通じて，適切に配慮していく必要がある。特に，これからの健康の増進や体力の向上に関する指導に際しては，子供たちが健康の増進や体力の向上の必要性を十分理解した上で，自ら健康を増進する能力や，興味・関心や適性等に応じ，適切に運動することのできる能力を育てることが大切である。そして，心身の健康増進活動や日常的なスポーツ活動の実践を促すことによって，長寿社会の到来を展望し，生涯にわたり健康な生活を送るための基礎が培われるようにすることが重要と考える。

[5] 横断的・総合的な学習の推進

子供たちに[生きる力]をはぐくんでいくためには，言うまでもなく，各教科，道徳，特別活動などのそれぞれの指導に当たって様々な工夫をこらした活動を展開したり，各教科等の間の連携を図った指導を行うなど様々な試みを進めることが重要であるが，[生きる力]が全人的な力であるということを踏まえると，横断的・総合的な指導を一層推進し得るような新たな手だてを講じて，豊かに学習活動を展開していくことが極めて有効であると考えられる。

今日，国際理解教育，情報教育，環境教育などを行う社会

的要請が強まってきているが，これらはいずれの教科等にもかかわる内容を持った教育であり，そうした観点からも，横断的・総合的な指導を推進していく必要性は高まっていると言える。

このため，上記の [2] の視点から各教科の教育内容を厳選することにより時間を生み出し，一定のまとまった時間（以下，「総合的な学習の時間」と称する。）を設けて横断的・総合的な指導を行うことを提言したい。

この時間における学習活動としては，国際理解，情報，環境のほか，ボランティア，自然体験などについての総合的な学習や課題学習，体験的な学習等が考えられるが，その具体的な扱いについては，子供たちの発達段階や学校段階，学校や地域の実態等に応じて，各学校の判断により，その創意工夫を生かして展開される必要がある。

また，このような時間を設定する趣旨からいって，「総合的な学習の時間」における学習については，子供たちが積極的に学習活動に取り組むといった長所の面を取り上げて評価することは大切であるとしても，この時間の学習そのものを試験の成績によって数値的に評価するような考え方を採らないことが適当と考えられる。さらに，これらの学習活動においては，学校や地域の実態によっては，年間にわたって継続的に行うことが適当な場合もあるし，ある時期に集中的に行った方が効果的な場合も考えられるので，学習指導要領の改訂に当たっては，そのような「総合的な学習の時間」の設定の仕方について弾力的な取扱いができるようにする必要がある。

[6] 教科の再編・統合を含めた将来の教科等の構成の在り方

学校の教科等の構成の在り方については，学校教育に対する新たな社会的要請，学校教育を取り巻く環境の変化，教育課程に関する最新の学問成果等を勘案し，不断に見直していく必要があるが，この問題は，理論的な検討とともに学校現場での研究実践の積み重ねを行うほか，教員養成等，教科等の見直しに伴う種々の条件整備も考慮した総合的な検討を要する問題である。

このような考えの下に，教科の再編・統合を含めた将来の教科等の構成の在り方について，早急に検討に着手する必要がある。そして，この問題の特質にかんがみ，検討の場として，教育課程審議会に，教科の再編・統合を含めた教科等の構成の在り方について継続的に調査審議する常設の委員会を設けるとともに，その審議の成果を施策に反映することが適当である。この調査研究に当たっては，国立教育研究所，大学，各都道府県の教育センターや民間教育研究団体等の研究者の研究成果，国立大学の附属学校や研究開発学校の実践研究などの様々な研究成果を適切に反映するようにする必要があり，また，その際は，大学等の研究者等によるカリキュラムに関する研究を一層推進するための積極的な支援措置を講じることが必要である。

なお，今後の教育課程審議会の発足に当たっては，学校関係者や教科の専門家の意見を尊重することはもとよりであるが，幅広い各界の人々や保護者など広く国民の声を反映するような配慮を望んでおきたい。

教育課程審議会答申　「幼稚園，小学校，中学校，高等学校，盲学校，聾学校及び養護学校の教育課程の基準の改善について」　(平成10年7月29日)(抄)

1　教育課程の基準の改善の基本的考え方
(1)教育課程の基準の改善に当たっての基本的考え方
(子どもたちの成長への願いと学校への期待)
　教育は，子どもたちが，幼児期から思春期を経て，自我を形成し，自らの個性を伸長・開花させながら発達を遂げていく過程を扶ける営みである。その営みは学校のみが担うものではなく，学校，家庭，地域社会が連携を図り，それぞれの教育機能を十分発揮してはじめて子どもたちのよりよい発達が促される。子どもたちの生活の在り方や学習の環境を変え，学校，家庭及び地域社会の役割を見直し，学校では学ぶことの動機付けや学び方の育成を重視し，家庭や地域社会で担うべきものや担った方がより効果が得られるものについては家庭や地域社会において担うなどして，よりバランスのとれた教育が行われることが必要である。
　学校は，子どもたちにとって伸び伸びと過ごせる楽しい場でなければならない。また，学校では，教科の授業だけでなく，学校でのすべての生活を通して，子どもたちが友達や教師と共に学び合い活動する中で，存在感や自己実現の喜びを味わうことができるようにすることが大切である。
　教育課程審議会においては，このような子どもの成長への願いと学校への期待をもちながら，教育課程の基準の改善について，次のような基本的な考え方に立って検討した。

ア　各学校段階の役割の基本
　各学校段階の役割の基本については，次のように考えた。
　幼稚園においては，幼児の欲求や自発性，好奇心を重視した遊びや体験を通した総合的な指導を行うことを基本とし，人間形成の基礎となる豊かな心情や想像力，ものごとに自分からかかわろうとする意欲，健全な生活を営むために必要な態度の基礎を培う。
　小学校においては，個人として，また，国家・社会の一員として社会生活を営む上で必要とされる知識・技能・態度の基礎を身に付け，豊かな人間性を育成するとともに，様々な対象とのかかわりを通じて自分のよさ・個性を発見する素地を養い，自立心を培う。
　中学校においては，個人として，また，国家・社会の一員として社会生活を営む上で必要とされる知識・技能・態度を確実に身に付け，豊かな人間性を育成するとともに，自分の個性の発見・伸長を図り，自立心を更に育成していく。
　高等学校においては，自らの在り方生き方を考えさせ，将来の進路を選択する能力や態度を育成するとともに，社会についての認識を深め，興味・関心等に応じ将来の学問や職業の専門分野の基礎・基本の学習によって，個性の一層の伸長と自立を図る。
　盲学校，聾学校及び養護学校においては，幼稚園，小学校，中学校及び高等学校に準ずる教育を行うとともに，障害に基づく種々の困難を改善・克服するために必要な知識や技能等を養い，個性を最大限に伸長し，自立し，社会参加するための基盤となる資質や能力の育成を図る。

イ　子どもの現状，教育課程実施の現状と教育課題
　いじめ，不登校，青少年非行などの憂慮すべき状況，倫理観や社会性の不足などを背景として心の教育の重要性が指摘されている。また，学校の道徳教育について各教師の理解と取組，学校全体としての実践が十分でない状況も指摘されている。現行の教育課程の下における我が国の子どもたちの学習状況は全体としてはおおむね良好であると思われるが，一方，教育内容を十分に理解できない子どもたちが少なくないこと，自ら調べ判断し，自分なりの考えをもちそれを表現する力が十分育っていないこと，多角的なものの見方や考え方が十分ではないこと，積極的に学習しようとする意欲が高くないなどの問題もある。

ウ　「時代を超えて変わらない価値あるもの」を身に付ける
　教育においては，どんなに社会が変化しようとも「時代を超えて変わらない価値あるもの」を子どもたちがしっかりと身に付ける必要がある。

エ　社会の変化に柔軟に対応し得る人間の育成
　教育においては，社会の変化を見通しつつ，これに柔軟に対応し得る人間の育成を期する必要がある。

オ　完全学校週5日制下の教育内容の在り方
　完全学校週5日制の導入を契機に，教育は学校教育のみで完結するのではなく，学校教育では生涯学習の基礎となる力を育成することが重要であるとの観点に立った教育活動が展開されることが大切である。

カ　教育内容の厳選と基礎・基本の徹底
　教育内容をその後の学習や生活に必要な最小限の基礎的・基本的内容に徹底的に厳選する一方，その厳選された基礎的・基本的内容については，繰り返し学習させるなどして，確実に習得させるようにする。
　教育内容の厳選は，単なる完全学校週5日制に対応するためのものにとどまらず，授業時数の縮減以上に思い切って行い，ゆとりの中で繰り返し学習したり，体験的な活動や問題解決的な学習にじっくりと取り組めるようにする。

キ　学習の指導と評価の在り方
　これからの学校教育においては，基礎・基本を徹底しつつ，従来の多くの知識を教え込むことになりがちな授業を改め，子どもたちが自分で考え，自分の考えをもち，自分の言葉で表現するなどの力の育成を重視する指導を進めていく必要がある。

学力については，これを単なる知識の量と捉えるのではなく，自ら学び自ら考える力などの［生きる力］を身に付けているかどうかによって捉えるべきである。ただし，その基盤として一定の知識・技能等を身に付けていることが不可欠である。

各教科の学習の評価の在り方についても，学校・学年段階，教科の特質等を考慮しつつ改善を図る必要がある。

(2)教育課程の基準の改善のねらい
1) 豊かな人間性や社会性，国際社会に生きる日本人としての自覚を育成すること

調和のとれた豊かな人間性や社会性の育成を一層重視し，相手を思いやる心，互いを認め合い共に生きていく態度，自他の生命や人権を尊重する心，美しいものや自然に感動する心，ボランティア精神，未来への夢や目標を抱きその実現に努める態度などを育成するとともに，社会生活上のルールや基本的なモラルなどの倫理観の育成を重視し，規範意識や公徳心，正義感や公正さを重んじる心，善悪の判断，強靭な意志と実践力，自己責任の自覚や自律・自制の心，また，たくましく生きるための健康や体力の基礎をはぐくむ。

我が国や郷土の歴史や文化・伝統の理解を深め，これらを愛する心を育成するとともに，広い視野をもって異文化を理解し国際協調の精神を培い，国際社会に生きる日本人としての自覚を育成する。

2) 自ら学び，自ら考える力を育成すること

多くの知識を教え込むことになりがちであった教育の基調を転換し，幼児児童生徒の立場に立って，知的好奇心・探究心をもたせ，自ら学ぶ意欲と主体的に学ぶ力を身に付け，論理的に考え判断する力，自分の考えや思いを的確に表現する力，問題を発見し解決する能力を育成し，創造性の基礎を培い，社会の変化に主体的に対応し行動できるようにすることを重視した教育活動を積極的に展開する。また，知識と生活との結び付きを重視して，知識や技能等が総合的に働くようにするとともに，体験的な学習，問題解決的な学習，調べ方や学び方の育成を図る学習を活発に行う。

3) ゆとりのある教育活動を展開する中で，基礎・基本の確実な定着を図り，個性を生かす教育を充実すること

時間的・精神的にゆとりある教育活動が展開される中で，厳選された内容の確実な定着を図るとともに，幼児児童生徒が興味・関心等に応じた学習に主体的に取り組むことができるようにする。

義務教育で共通に教育すべき内容は，社会生活を営む上で真に必要な内容に厳選するとともに，個性を生かす教育の一層の充実を図り，幼児児童生徒の興味・関心等を生かし，主体的な学習や個に応じた指導の一層の工夫改善を図る。また，小学校高学年から，課題選択などを取り入れ，中学校においては，学年段階に応じ漸次選択幅の拡大を図り，高等学校においては，生徒による選択を基本とし，共通に履修させる内容は最低限にとどめる。

4)各学校が創意工夫を生かし特色ある教育，特色ある学校づくりを進めること

各学校において，地域や学校，幼児児童生徒の実態等に応じて，創意工夫を生かした特色ある教育を展開し，特色ある学校づくりを進めることができるよう，教育課程の基準の大綱化，弾力化を図り，時間割や教育課程について各学校が一層創意工夫を生かして編成できるようにする。また，選択学習の幅を拡大するとともに，「総合的な学習の時間」を創設し，各学校の創意工夫を生かした教育活動が一層活発に展開できるようにする。

また，学校と家庭・地域社会が十分連携を図るとともに，開かれた学校づくりを推進する。

2　教育課程の編成及び授業時数等の枠組み
(1)教育課程の編成

小学校，中学校，高等学校，盲学校，聾学校及び養護学校の教育課程は，現行の各教科等に，「総合的な学習の時間」を加えて編成することとする。

(2)「総合的な学習の時間」

ア　各学校が特色ある教育活動を展開できるようにするとともに，教科等の枠を超えた横断的・総合的な学習を各学校の創意工夫を生かして実施するため「総合的な学習の時間」を創設する。

イ　「総合的な学習の時間」のねらいは，各学校の創意工夫を生かして行われる横断的・総合的な学習や児童生徒の興味・関心等に基づく学習などを通じて，自ら課題を見つけ，よりよく問題を解決する資質や能力を育てることであり，また，学び方やものの考え方を身に付け，問題解決や探究活動に主体的，創造的に取り組む態度の育成を図るとともに，自己の生き方について自覚を深めることである。これらを通じて，各教科等それぞれで身に付けられた知識や技能などが相互に関連付けられ，深められ児童生徒の中で総合的に働くようになると考えられる。

ウ　「総合的な学習の時間」の教育課程上の位置付けについては，そのねらい，各学校とも教育課程上必置とすること，授業時数の基準を定めることなどにとどめ，各教科等のように内容を規定することはしない。教育課程の基準上の名称は「総合的な学習の時間」とし，具体的な名称は各学校で定めることとする。

エ　「総合的な学習の時間」の学習活動は，各学校が創意工夫を十分発揮して展開する。具体的な学習活動は，例えば国際理解，情報，環境，福祉・健康などの横断的・総合的な課題，児童生徒の興味・関心に基づく課題，地域や学校の特色に応じた課題などについて，適宜学習課題や活動を設定して展開する。

小学校において外国語会話等が行われるときは，児童が外国語に触れたり，外国の生活や文化などに慣れ親しんだりするなど小学校にふさわしい体験的な学習活動を行うことが望ましい。さらに，高等学校では，生徒が主体的に設定した課題について知識・技能の深化・総合化を図る学習や，自己の在り方生き方や進路について考察する学習などをこの時間に

行うよう配慮する。

オ 「総合的な学習の時間」の授業時数等については，小学校は第3学年以上で各学年に年間105単位時間又は110単位時間，中学校は各学年年間70単位時間を下限とし幅をもった授業時数を配当する（別表1，2参照）。高等学校については，卒業までに105～210単位時間を配当する。

資料③ 「小学校学習指導要領総則　第3 総合的な学習の時間の取扱い（平成10年12月告示）」

第1章　総則
第3　総合的な学習の時間の取扱い
1　総合的な学習の時間においては，各学校は，地域や学校，児童の実態等に応じて，横断的・総合的な学習や児童の興味・関心等に基づく学習など創意工夫を生かした教育活動を行うものとする。
2　総合的な学習の時間においては，次のようなねらいをもって指導を行うものとする。
　(1) 自ら課題を見付け，自ら学び，自ら考え，主体的に判断し，よりよく問題を解決する資質や能力を育てること。
　(2) 学び方やものの考え方を身に付け，問題の解決や探究活動に主体的，創造的に取り組む態度を育て，自己の生き方を考えることができるようにすること。
3　各学校においては，2に示すねらいを踏まえ，例えば国際理解，情報，環境，福祉・健康などの横断的・総合的な課題，児童の興味・関心に基づく課題，地域や学校の特色に応じた課題などについて，学校の実態に応じた学習活動を行うものとする。

4　各学校における総合的な学習の時間の名称については，各学校において適切に定めるものとする。
5　総合的な学習の時間の学習活動を行うに当たっては，次の事項に配慮するものとする。
　(1) 自然体験やボランティア活動などの社会体験，観察・実験，見学や調査，発表や討論，ものづくりや生産活動など体験的な学習，問題解決的な学習を積極的に取り入れること。
　(2) グループ学習や異年齢集団による学習などの多様な学習形態，地域の人々の協力も得つつ全教師が一体となって指導に当たるなどの指導体制，地域の教材や学習環境の積極的な活用などについて工夫すること。
　(3) 国際理解に関する学習の一環としての外国語会話等を行うときは，学校の実態等に応じ，児童が外国語に触れたり，外国の生活や文化などに慣れ親しんだりするなど小学校段階にふさわしい体験的な学習が行われるようにすること。

資料④-1 「小学校学習指導要領（平成29年3月告示）」

第1章 総則
第1　小学校教育の基本と教育課程の役割
1　各学校においては，教育基本法及び学校教育法その他の法令並びにこの章以下に示すところに従い，児童の人間として調和のとれた育成を目指し，児童の心身の発達の段階や特性及び学校や地域の実態を十分考慮して，適切な教育課程を編成するものとし，これらに掲げる目標を達成するよう教育を行うものとする。
2　学校の教育活動を進めるに当たっては，各学校において，第3の1に示す主体的・対話的で深い学びの実現に向けた授業改善を通して，創意工夫を生かした特色ある教育活動を展開する中で，次の(1)から(3)までに掲げる事項の実現を図り，児童に生きる力を育むことを目指すものとする。
　(1) 基礎的・基本的な知識及び技能を確実に習得させ，これらを活用して課題を解決するために必要な思考力，判断力，表現力等を育むとともに，主体的に学習に取り組む態度を養い，個性を生かし多様な人々との協働を促す教育の充実に努めること。その際，児童の発達の段階を考慮して，児童の言語活動など，学習の基盤をつくる活動を充実するとともに，家庭との連携を図りながら，児童の学習習慣が確立するよう配慮すること。

　(2) 道徳教育や体験活動，多様な表現や鑑賞の活動等を通して，豊かな心や創造性の涵養を目指した教育の充実に努めること。
　学校における道徳教育は，特別の教科である道徳（以下「道徳科」という。）を要として学校の教育活動全体を通じて行うものであり，道徳科はもとより，各教科，外国語活動，総合的な学習の時間及び特別活動のそれぞれの特質に応じて，児童の発達の段階を考慮して，適切な指導を行うこと。
　道徳教育は，教育基本法及び学校教育法に定められた教育の根本精神に基づき，自己の生き方を考え，主体的な判断の下に行動し，自立した人間として他者と共によりよく生きるための基盤となる道徳性を養うことを目標とすること。
　道徳教育を進めるに当たっては，人間尊重の精神と生命に対する畏敬の念を家庭，学校，その他社会における具体的な生活の中に生かし，豊かな心をもち，伝統と文化を尊重し，それらを育んできた我が国と郷土を愛し，個性豊かな文化の創造を図るとともに，平和で民主的な国家及び社会の形成者として，公共の精神を尊び，社会及び国家の発展に努め，他国を尊重し，国際社会の平和と発展や環境の保全に貢献し未来を拓く主体性のある日本人の育成に資することとなるよう特に留意すること。

(3) 学校における体育・健康に関する指導を，児童の発達の段階を考慮して，学校の教育活動全体を通じて適切に行うことにより，健康で安全な生活と豊かなスポーツライフの実現を目指した教育の充実に努めること。特に，学校における食育の推進並びに体力の向上に関する指導，安全に関する指導及び心身の健康の保持増進に関する指導については，体育科，家庭科及び特別活動の時間はもとより，各教科，道徳科，外国語活動及び総合的な学習の時間などにおいてもそれぞれの特質に応じて適切に行うよう努めること。また，それらの指導を通して，家庭や地域社会との連携を図りながら，日常生活において適切な体育・健康に関する活動の実践を促し，生涯を通じて健康・安全で活力ある生活を送るための基礎が培われるよう配慮すること。

3　2の(1)から(3)までに掲げる事項の実現を図り，豊かな創造性を備え持続可能な社会の創り手となることが期待される児童に，生きる力を育むことを目指すに当たっては，学校教育全体並びに各教科，道徳科，外国語活動，総合的な学習の時間及び特別活動（以下「各教科等」という。ただし，第2の3の(2)のア及びウにおいて，特別活動については学級活動（学校給食に係るものを除く。）に限る。）の指導を通してどのような資質・能力の育成を目指すのかを明確にしながら，教育活動の充実を図るものとする。その際，児童の発達の段階や特性等を踏まえつつ，次に掲げることが偏りなく実現できるようにするものとする。

(1) 知識及び技能が習得されるようにすること。
(2) 思考力，判断力，表現力等を育成すること。
(3) 学びに向かう力，人間性等を涵養すること。

4　各学校においては，児童や学校，地域の実態を適切に把握し，教育の目的や目標の実現に必要な教育の内容等を教科等横断的な視点で組み立てていくこと，教育課程の実施状況を評価してその改善を図っていくこと，教育課程の実施に必要な人的又は物的な体制を確保するとともにその改善を図っていくことなどを通して，教育課程に基づき組織的かつ計画的に各学校の教育活動の質の向上を図っていくこと（以下「カリキュラム・マネジメント」という。）に努めるものとする。

第2　教育課程の編成
1　各学校の教育目標と教育課程の編成

　教育課程の編成に当たっては，学校教育全体や各教科等における指導を通して育成を目指す資質・能力を踏まえつつ，各学校の教育目標を明確にするとともに，教育課程の編成についての基本的な方針が家庭や地域とも共有されるよう努めるものとする。その際，第5章総合的な学習の時間の第2の1に基づき定められる目標との関連を図るものとする。

2　教科等横断的な視点に立った資質・能力の育成

(1) 各学校においては，児童の発達の段階を考慮し，言語能力，情報活用能力（情報モラルを含む。），問題発見・解決能力等の学習の基盤となる資質・能力を育成していくことができるよう，各教科等の特質を生かし，教科等横断的な視点から教育課程の編成を図るものとする。

(2) 各学校においては，児童や学校，地域の実態及び児童の発達の段階を考慮し，豊かな人生の実現や災害等を乗り越えて次代の社会を形成することに向けた現代的な諸課題に対応して求められる資質・能力を，教科等横断的な視点で育成していくことができるよう，各学校の特色を生かした教育課程の編成を図るものとする。

3　教育課程の編成における共通的事項
(1)内容等の取扱い

ア　第2章以下に示す各教科，道徳科，外国語活動及び特別活動の内容に関する事項は，特に示す場合を除き，いずれの学校においても取り扱わなければならない。

イ　学校において特に必要がある場合には，第2章以下に示していない内容を加えて指導することができる。また，第2章以下に示す内容の取扱いのうち内容の範囲や程度等を示す事項は，全ての児童に対して指導するものとする内容の範囲や程度等を示したものであり，学校において特に必要がある場合には，この事項にかかわらず加えて指導することができる。ただし，これらの場合には，第2章以下に示す各教科，道徳科，外国語活動及び特別活動の目標や内容の趣旨を逸脱したり，児童の負担過重となったりすることのないようにしなければならない。

ウ　第2章以下に示す各教科，道徳科，外国語活動及び特別活動の内容に掲げる事項の順序は，特に示す場合を除き，指導の順序を示すものではないので，学校においては，その取扱いについて適切な工夫を加えるものとする。

エ　学年の内容を2学年まとめて示した教科及び外国語活動の内容は，2学年間かけて指導する事項を示したものである。各学校においては，これらの事項を児童や学校，地域の実態に応じ，2学年間を見通して計画的に指導することとし，特に示す場合を除き，いずれかの学年に分けて，又はいずれの学年においても指導するものとする。

オ　学校において2以上の学年の児童で編制する学級について特に必要がある場合には，各教科及び道徳科の目標の達成に支障のない範囲内で，各教科及び道徳科の目標及び内容について学年別の順序によらないことができる。

カ　道徳科を要として学校の教育活動全体を通じて行う道徳教育の内容は，第3章特別の教科道徳の第2に示す内容とし，その実施に当たっては，第6に示す道徳教育に関する配慮事項を踏まえるものとする。

(2)授業時数等の取扱い

ア　各教科等の授業は，年間35週（第1学年については34週）以上にわたって行うよう計画し，週当たりの授業時数が児童の負担過重にならないようにするものとする。ただし，各教科等や学習活動の特質に応じ効果的な場合には，夏季，冬季，学年末等の休業日の期間に授業日を設定する場合を含め，これらの授業を特定の期間に行うことができる。

イ　特別活動の授業のうち，児童会活動，クラブ活動及び学校行事については，それらの内容に応じ，年間，学期ごと，月ごとなどに適切な授業時数を充てるものとする。

ウ　各学校の時間割については，次の事項を踏まえ適切に編成するものとする。

（ア）各教科等のそれぞれの授業の1単位時間は，各学校において，各教科等の年間授業時数を確保しつつ，児童の

発達の段階及び各教科等や学習活動の特質を考慮して適切に定めること。
（イ）各教科等の特質に応じ，10分から15分程度の短い時間を活用して特定の教科等の指導を行う場合において，教師が，単元や題材など内容や時間のまとまりを見通した中で，その指導内容の決定や指導の成果の把握と活用等を責任をもって行う体制が整備されているときは，その時間を当該教科等の年間授業時数に含めることができること。
（ウ）給食，休憩などの時間については，各学校において工夫を加え，適切に定めること。
（エ）各学校において，児童や学校，地域の実態，各教科等や学習活動の特質等に応じ，創意工夫を生かした時間割を弾力的に編成できること。
エ　総合的な学習の時間における学習活動により，特別活動の学校行事に掲げる各行事の実施と同様の成果が期待できる場合においては，総合的な学習の時間における学習活動をもって相当する特別活動の学校行事に掲げる各行事の実施に替えることができる。

(3)指導計画の作成等に当たっての配慮事項

　各学校においては，次の事項に配慮しながら，学校の創意工夫を生かし，全体として，調和のとれた具体的な指導計画を作成するものとする。
ア　各教科等の指導内容については，(1)のアを踏まえつつ，単元や題材など内容や時間のまとまりを見通しながら，そのまとめ方や重点の置き方に適切な工夫を加え，第3の1に示す主体的・対話的で深い学びの実現に向けた授業改善を通して資質・能力を育む効果的な指導ができるようにすること。
イ　各教科等及び各学年相互間の関連を図り，系統的，発展的な指導ができるようにすること。
ウ　学年の内容を2学年まとめて示した教科及び外国語活動については，当該学年間を見通して，児童や学校，地域の実態に応じ，児童の発達の段階を考慮しつつ，効果的，段階的に指導するようにすること。
エ　児童の実態等を考慮し，指導の効果を高めるため，児童の発達の段階や指導内容の関連性等を踏まえつつ，合科的・関連的な指導を進めること。

4　学校段階等間の接続

　教育課程の編成に当たっては，次の事項に配慮しながら，学校段階等間の接続を図るものとする。
　(1) 幼児期の終わりまでに育ってほしい姿を踏まえた指導を工夫することにより，幼稚園教育要領等に基づく幼児期の教育を通して育まれた資質・能力を踏まえて教育活動を実施し，児童が主体的に自己を発揮しながら学びに向かうことが可能となるようにすること。
　また，低学年における教育全体において，例えば生活科において育成する自立し生活を豊かにしていくための資質・能力が，他教科等の学習においても生かされるようにするなど，教科等間の関連を積極的に図り，幼児期の教育及び中学年以降の教育との円滑な接続が図られるよう工夫すること。特に，小学校入学当初においては，幼児期において自発的な活動としての遊びを通して育まれてきたことが，各教科等における学習に円滑に接続されるよう，生活科を中心に，合科的・関連的な指導や弾力的な時間割の設定など，指導の工夫や指導計画の作成を行うこと。
　(2) 中学校学習指導要領及び高等学校学習指導要領を踏まえ，中学校教育及びその後の教育との円滑な接続が図られるよう工夫すること。特に，義務教育学校，中学校連携型小学校及び中学校併設型小学校においては，義務教育9年間を見通した計画的かつ継続的な教育課程を編成すること。

第3　教育課程の実施と学習評価
1　主体的・対話的で深い学びの実現に向けた授業改善

　各教科等の指導に当たっては，次の事項に配慮するものとする。
　(1) 第1の3の(1)から(3)までに示すことが偏りなく実現されるよう，単元や題材など内容や時間のまとまりを見通しながら，児童の主体的・対話的で深い学びの実現に向けた授業改善を行うこと。
　特に，各教科等において身に付けた知識及び技能を活用したり，思考力，判断力，表現力等や学びに向かう力，人間性等を発揮させたりして，学習の対象となる物事を捉え思考することにより，各教科等の特質に応じた物事を捉える視点や考え方（以下「見方・考え方」という。）が鍛えられていくことに留意し，児童が各教科等の特質に応じた見方・考え方を働かせながら，知識を相互に関連付けてより深く理解したり，情報を精査して考えを形成したり，問題を見いだして解決策を考えたり，思いや考えを基に創造したりすることに向かう過程を重視した学習の充実を図ること。
　(2) 第2の2の(1)に示す言語能力の育成を図るため，各学校において必要な言語環境を整えるとともに，国語科を要としつつ各教科等の特質に応じて，児童の言語活動を充実すること。あわせて，(7)に示すとおり読書活動を充実すること。
　(3) 第2の2の(1)に示す情報活用能力の育成を図るため，各学校において，コンピュータや情報通信ネットワークなどの情報手段を活用するために必要な環境を整え，これらを適切に活用した学習活動の充実を図ること。また，各種の統計資料や新聞，視聴覚教材や教育機器などの教材・教具の適切な活用を図ること。
　あわせて，各教科等の特質に応じて，次の学習活動を計画的に実施すること。
　　ア　児童がコンピュータで文字を入力するなどの学習の基盤として必要となる情報手段の基本的な操作を習得するための学習活動
　　イ　児童がプログラミングを体験しながら，コンピュータに意図した処理を行わせるために必要な論理的思考力を身に付けるための学習活動
　(4) 児童が学習の見通しを立てたり学習したことを振り返ったりする活動を，計画的に取り入れるように工夫すること。
　(5) 児童が生命の有限性や自然の大切さ，主体的に挑戦してみることや多様な他者と協働することの重要性などを実感しながら理解することができるよう，各教科等の特質に

応じた体験活動を重視し，家庭や地域社会と連携しつつ体系的・継続的に実施できるよう工夫すること。

(6) 児童が自ら学習課題や学習活動を選択する機会を設けるなど，児童の興味・関心を生かした自主的，自発的な学習が促されるよう工夫すること。

(7) 学校図書館を計画的に利用しその機能の活用を図り，児童の主体的・対話的で深い学びの実現に向けた授業改善に生かすとともに，児童の自主的，自発的な学習活動や読書活動を充実すること。また，地域の図書館や博物館，美術館，劇場，音楽堂等の施設の活用を積極的に図り，資料を活用した情報の収集や鑑賞等の学習活動を充実すること。

2 学習評価の充実

学習評価の実施に当たっては，次の事項に配慮するものとする。

(1) 児童のよい点や進歩の状況などを積極的に評価し，学習したことの意義や価値を実感できるようにすること。また，各教科等の目標の実現に向けた学習状況を把握する観点から，単元や題材など内容や時間のまとまりを見通しながら評価の場面や方法を工夫して，学習の過程や成果を評価し，指導の改善や学習意欲の向上を図り，資質・能力の育成に生かすようにすること。

(2) 創意工夫の中で学習評価の妥当性や信頼性が高められるよう，組織的かつ計画的な取組を推進するとともに，学年や学校段階を越えて児童の学習の成果が円滑に接続されるように工夫すること。

第4 児童の発達の支援
1 児童の発達を支える指導の充実

教育課程の編成及び実施に当たっては，次の事項に配慮するものとする。

(1) 学習や生活の基盤として，教師と児童との信頼関係及び児童相互のよりよい人間関係を育てるため，日頃から学級経営の充実を図ること。また，主に集団の場面で必要な指導や援助を行うガイダンスと，個々の児童の多様な実態を踏まえ，一人一人が抱える課題に個別に対応した指導を行うカウンセリングの双方により，児童の発達を支援すること。

あわせて，小学校の低学年，中学年，高学年の学年の時期の特長を生かした指導の工夫を行うこと。

(2) 児童が，自己の存在感を実感しながら，よりよい人間関係を形成し，有意義で充実した学校生活を送る中で，現在及び将来における自己実現を図っていくことができるよう，児童理解を深め，学習指導と関連付けながら，生徒指導の充実を図ること。

(3) 児童が，学ぶことと自己の将来とのつながりを見通しながら，社会的・職業的自立に向けて必要な基盤となる資質・能力を身に付けていくことができるよう，特別活動を要としつつ各教科等の特質に応じて，キャリア教育の充実を図ること。

(4) 児童が，基礎的・基本的な知識及び技能の習得も含め，学習内容を確実に身に付けることができるよう，児童や学

校の実態に応じ，個別学習やグループ別学習，繰り返し学習，学習内容の習熟の程度に応じた学習，児童の興味・関心等に応じた課題学習，補充的な学習や発展的な学習などの学習活動を取り入れることや，教師間の協力による指導体制を確保することなど，指導方法や指導体制の工夫改善により，個に応じた指導の充実を図ること。その際，第3の1の(3)に示す情報手段や教材・教具の活用を図ること。

2 特別な配慮を必要とする児童への指導
(1)障害のある児童などへの指導

ア　障害のある児童などについては，特別支援学校等の助言又は援助を活用しつつ，個々の児童の障害の状態等に応じた指導内容や指導方法の工夫を組織的かつ計画的に行うものとする。

イ　特別支援学級において実施する特別の教育課程については，次のとおり編成するものとする。

(ア) 障害による学習上又は生活上の困難を克服し自立を図るため，特別支援学校小学部・中学部学習指導要領第7章に示す自立活動を取り入れること。

(イ) 児童の障害の程度や学級の実態等を考慮の上，各教科の目標や内容を下学年の教科の目標や内容に替えたり，各教科を，知的障害者である児童に対する教育を行う特別支援学校の各教科に替えたりするなどして，実態に応じた教育課程を編成すること。

ウ　障害のある児童に対して，通級による指導を行い，特別の教育課程を編成する場合には，特別支援学校小学部・中学部学習指導要領第7章に示す自立活動の内容を参考とし，具体的な目標や内容を定め，指導を行うものとする。その際，効果的な指導が行われるよう，各教科等と通級による指導との関連を図るなど，教師間の連携に努めるものとする。

エ　障害のある児童などについては，家庭，地域及び医療や福祉，保健，労働等の業務を行う関係機関との連携を図り，長期的な視点で児童への教育的支援を行うために，個別の教育支援計画を作成し活用することに努めるとともに，各教科等の指導に当たって，個々の児童の実態を的確に把握し，個別の指導計画を作成し活用することに努めるものとする。特に，特別支援学級に在籍する児童や通級による指導を受ける児童については，個々の児童の実態を的確に把握し，個別の教育支援計画や個別の指導計画を作成し，効果的に活用するものとする。

(2)海外から帰国した児童などの学校生活への適応や，日本語の習得に困難のある児童に対する日本語指導

ア　海外から帰国した児童などについては，学校生活への適応を図るとともに，外国における生活経験を生かすなどの適切な指導を行うものとする。

イ　日本語の習得に困難のある児童については，個々の児童の実態に応じた指導内容や指導方法の工夫を組織的かつ計画的に行うものとする。特に，通級による日本語指導については，教師間の連携に努め，指導についての計画を個別に作成することなどにより，効果的な指導に努めるものとする。

(3)不登校児童への配慮

　ア　不登校児童については，保護者や関係機関と連携を図り，心理や福祉の専門家の助言又は援助を得ながら，社会的自立を目指す観点から，個々の児童の実態に応じた情報の提供その他の必要な支援を行うものとする。

　イ　相当の期間小学校を欠席し引き続き欠席すると認められる児童を対象として，文部科学大臣が認める特別の教育課程を編成する場合には，児童の実態に配慮した教育課程を編成するとともに，個別学習やグループ別学習など指導方法や指導体制の工夫改善に努めるものとする。

第5　学校運営上の留意事項

1　教育課程の改善と学校評価等

　ア　各学校においては，校長の方針の下に，校務分掌に基づき教職員が適切に役割を分担しつつ，相互に連携しながら，各学校の特色を生かしたカリキュラム・マネジメントを行うよう努めるものとする。また，各学校が行う学校評価については，教育課程の編成，実施，改善が教育活動や学校運営の中核となることを踏まえ，カリキュラム・マネジメントと関連付けながら実施するよう留意するものとする。

　イ　教育課程の編成及び実施に当たっては，学校保健計画，学校安全計画，食に関する指導の全体計画，いじめの防止等のための対策に関する基本的な方針など，各分野における学校の全体計画等と関連付けながら，効果的な指導が行われるように留意するものとする。

2　家庭や地域社会との連携及び協働と学校間の連携

　教育課程の編成及び実施に当たっては，次の事項に配慮するものとする。

　ア　学校がその目的を達成するため，学校や地域の実態等に応じ，教育活動の実施に必要な人的又は物的な体制を家庭や地域の人々の協力を得ながら整えるなど，家庭や地域社会との連携及び協働を深めること。また，高齢者や異年齢の子供など，地域における世代を越えた交流の機会を設けること。

　イ　他の小学校や，幼稚園，認定こども園，保育所，中学校，高等学校，特別支援学校などとの間の連携や交流を図るとともに，障害のある幼児児童生徒との交流及び共同学習の機会を設け，共に尊重し合いながら協働して生活していく態度を育むようにすること。

第6　道徳教育に関する配慮事項

　道徳教育を進めるに当たっては，道徳教育の特質を踏まえ，前項までに示す事項に加え，次の事項に配慮するものとする。

1　各学校においては，第1の2の(2)に示す道徳教育の目標を踏まえ，道徳教育の全体計画を作成し，校長の方針の下に，道徳教育の推進を主に担当する教師（以下「道徳教育推進教師」という。）を中心に，全教師が協力して道徳教育を展開すること。なお，道徳教育の全体計画の作成に当たっては，児童や学校，地域の実態を考慮して，学校の道徳教育の重点目標を設定するとともに，道徳科の指導方針，第3章特別の教科道徳の第2に示す内容との関連を踏まえた各教科，外

国語活動，総合的な学習の時間及び特別活動における指導の内容及び時期並びに家庭や地域社会との連携の方法を示すこと。

2　各学校においては，児童の発達の段階や特性等を踏まえ，指導内容の重点化を図ること。その際，各学年を通じて，自立心や自律性，生命を尊重する心や他者を思いやる心を育てることに留意すること。また，各学年段階においては，次の事項に留意すること。

　(1)　第1学年及び第2学年においては，挨拶などの基本的な生活習慣を身に付けること，善悪を判断し，してはならないことをしないこと，社会生活上のきまりを守ること。

　(2)　第3学年及び第4学年においては，善悪を判断し，正しいと判断したことを行うこと，身近な人々と協力し助け合うこと，集団や社会のきまりを守ること。

　(3)　第5学年及び第6学年においては，相手の考え方や立場を理解して支え合うこと，法やきまりの意義を理解して進んで守ること，集団生活の充実に努めること，伝統と文化を尊重し，それらを育んできた我が国と郷土を愛するとともに，他国を尊重すること。

3　学校や学級内の人間関係や環境を整えるとともに，集団宿泊活動やボランティア活動，自然体験活動，地域の行事への参加などの豊かな体験を充実すること。また，道徳教育の指導内容が，児童の日常生活に生かされるようにすること。その際，いじめの防止や安全の確保等にも資することとなるよう留意すること。

4　学校の道徳教育の全体計画や道徳教育に関する諸活動などの情報を積極的に公表したり，道徳教育の充実のために家庭や地域の人々の積極的な参加や協力を得たりするなど，家庭や地域社会との共通理解を深め，相互の連携を図ること。

第5章　総合的な学習の時間

第1　目標

　探究的な見方・考え方を働かせ，横断的・総合的な学習を行うことを通して，よりよく課題を解決し，自己の生き方を考えていくための資質・能力を次のとおり育成することを目指す。

　(1)　探究的な学習の過程において，課題の解決に必要な知識及び技能を身に付け，課題に関わる概念を形成し，探究的な学習のよさを理解するようにする。

　(2)　実社会や実生活の中から問いを見いだし，自分で課題を立て，情報を集め，整理・分析して，まとめ・表現することができるようにする。

　(3)　探究的な学習に主体的・協働的に取り組むとともに，互いのよさを生かしながら，積極的に社会に参画しようとする態度を養う。

第2　各学校において定める目標及び内容

1　目標

　各学校においては，第1の目標を踏まえ，各学校の総合的な学習の時間の目標を定める。

2　内容

　各学校においては，第1の目標を踏まえ，各学校の総合的な学習の時間の内容を定める。

3　各学校において定める目標及び内容の取扱い

各学校において定める目標及び内容の設定に当たっては，次の事項に配慮するものとする。

(1) 各学校において定める目標については，各学校における教育目標を踏まえ，総合的な学習の時間を通して育成を目指す資質・能力を示すこと。

(2) 各学校において定める目標及び内容については，他教科等の目標及び内容との違いに留意しつつ，他教科等で育成を目指す資質・能力との関連を重視すること。

(3) 各学校において定める目標及び内容については，日常生活や社会との関わりを重視すること。

(4) 各学校において定める内容については，目標を実現するにふさわしい探究課題，探究課題の解決を通して育成を目指す具体的な資質・能力を示すこと。

(5) 目標を実現するにふさわしい探究課題については，学校の実態に応じて，例えば，国際理解，情報，環境，福祉・健康などの現代的な諸課題に対応する横断的・総合的な課題，地域の人々の暮らし，伝統と文化など地域や学校の特色に応じた課題，児童の興味・関心に基づく課題などを踏まえて設定すること。

(6) 探究課題の解決を通して育成を目指す具体的な資質・能力については，次の事項に配慮すること。

　ア　知識及び技能については，他教科等及び総合的な学習の時間で習得する知識及び技能が相互に関連付けられ，社会の中で生きて働くものとして形成されるようにすること。

　イ　思考力，判断力，表現力等については，課題の設定，情報の収集，整理・分析，まとめ・表現などの探究的な学習の過程において発揮され，未知の状況において活用できるものとして身に付けられるようにすること。

　ウ　学びに向かう力，人間性等については，自分自身に関すること及び他者や社会との関わりに関することの両方の視点を踏まえること。

(7) 目標を実現するにふさわしい探究課題及び探究課題の解決を通して育成を目指す具体的な資質・能力については，教科等を越えた全ての学習の基盤となる資質・能力が育まれ，活用されるものとなるよう配慮すること。

第3　指導計画の作成と内容の取扱い
1　指導計画の作成に当たっては，次の事項に配慮するものとする。

(1) 年間や，単元など内容や時間のまとまりを見通して，その中で育む資質・能力の育成に向けて，児童の主体的・対話的で深い学びの実現を図るようにすること。その際，児童や学校，地域の実態等に応じて，児童が探究的な見方・考え方を働かせ，教科等の枠を超えた横断的・総合的な学習や児童の興味・関心等に基づく学習を行うなど創意工夫を生かした教育活動の充実を図ること。

(2) 全体計画及び年間指導計画の作成に当たっては，学校における全教育活動との関連の下に，目標及び内容，学習活動，指導方法や指導体制，学習の評価の計画などを示すこと。

(3) 他教科等及び総合的な学習の時間で身に付けた資質・能力を相互に関連付け，学習や生活において生かし，それらが総合的に働くようにすること。その際，言語能力，情報活用能力など全ての学習の基盤となる資質・能力を重視すること。

(4) 他教科等の目標及び内容との違いに留意しつつ，第1の目標並びに第2の各学校において定める目標及び内容を踏まえた適切な学習活動を行うこと。

(5) 各学校における総合的な学習の時間の名称については，各学校において適切に定めること。

(6) 障害のある児童などについては，学習活動を行う場合に生じる困難さに応じた指導内容や指導方法の工夫を計画的，組織的に行うこと。

(7) 第1章総則の第1の2の(2)に示す道徳教育の目標に基づき，道徳科などとの関連を考慮しながら，第3章特別の教科道徳の第2に示す内容について，総合的な学習の時間の特質に応じて適切な指導をすること。

2　第2の内容の取扱いについては，次の事項に配慮するものとする。

(1) 第2の各学校において定める目標及び内容に基づき，児童の学習状況に応じて教師が適切な指導を行うこと。

(2) 探究的な学習の過程においては，他者と協働して課題を解決しようとする学習活動や，言語により分析し，まとめたり表現したりするなどの学習活動が行われるようにすること。その際，例えば，比較する，分類する，関連付けるなどの考えるための技法が活用されるようにすること。

(3) 探究的な学習の過程においては，コンピュータや情報通信ネットワークなどを適切かつ効果的に活用して，情報を収集・整理・発信するなどの学習活動が行われるよう工夫すること。その際，コンピュータで文字を入力するなどの学習の基盤として必要となる情報手段の基本的な操作を習得し，情報や情報手段を主体的に選択し活用できるよう配慮すること。

(4) 自然体験やボランティア活動などの社会体験，ものづくり，生産活動などの体験活動，観察・実験，見学や調査，発表や討論などの学習活動を積極的に取り入れること。

(5) 体験活動については，第1の目標並びに第2の各学校において定める目標及び内容を踏まえ，探究的な学習の過程に適切に位置付けること。

(6) グループ学習や異年齢集団による学習などの多様な学習形態，地域の人々の協力も得つつ，全教師が一体となって指導に当たるなどの指導体制について工夫を行うこと。

(7) 学校図書館の活用，他の学校との連携，公民館，図書館，博物館等の社会教育施設や社会教育関係団体等の各種団体との連携，地域の教材や学習環境の積極的な活用などの工夫を行うこと。

(8) 国際理解に関する学習を行う際には，探究的な学習に取り組むことを通して，諸外国の生活や文化などを体験したり調査したりするなどの学習活動が行われるようにすること。

(9) 情報に関する学習を行う際には，探究的な学習に取り組むことを通して，情報を収集・整理・発信したり，情報

が日常生活や社会に与える影響を考えたりするなどの学習活動が行われるようにすること。第1章総則の第3の1の(3)のイに掲げるプログラミングを体験しながら論理的思考力を身に付けるための学習活動を行う場合には，プログラミングを体験することが，探究的な学習の過程に適切に位置付くようにすること。

第4章 総合的な学習の時間
第1 目標
探究的な見方・考え方を働かせ，横断的・総合的な学習を行うことを通して，よりよく課題を解決し，自己の生き方を考えていくための資質・能力を次のとおり育成することを目指す。
(1) 探究的な学習の過程において，課題の解決に必要な知識及び技能を身に付け，課題に関わる概念を形成し，探究的な学習のよさを理解するようにする。
(2) 実社会や実生活の中から問いを見いだし，自分で課題を立て，情報を集め，整理・分析して，まとめ・表現することができるようにする。
(3) 探究的な学習に主体的・協働的に取り組むとともに，互いのよさを生かしながら，積極的に社会に参画しようとする態度を養う。

第2 各学校において定める目標及び内容
1 目標
各学校においては，第1の目標を踏まえ，各学校の総合的な学習の時間の目標を定める。

2 内容
各学校においては，第1の目標を踏まえ，各学校の総合的な学習の時間の内容を定める。

3 各学校において定める目標及び内容の取扱い
各学校において定める目標及び内容の設定に当たっては，次の事項に配慮するものとする。
(1) 各学校において定める目標については，各学校における教育目標を踏まえ，総合的な学習の時間を通して育成を目指す資質・能力を示すこと。
(2) 各学校において定める目標及び内容については，他教科等の目標及び内容との違いに留意しつつ，他教科等で育成を目指す資質・能力との関連を重視すること。
(3) 各学校において定める目標及び内容については，日常生活や社会との関わりを重視すること。
(4) 各学校において定める内容については，目標を実現するにふさわしい探究課題，探究課題の解決を通して育成を目指す具体的な資質・能力を示すこと。
(5) 目標を実現するにふさわしい探究課題については，学校の実態に応じて，例えば，国際理解，情報，環境，福祉・健康などの現代的な諸課題に対応する横断的・総合的な課題，地域や学校の特色に応じた課題，生徒の興味・関心に基づく課題，職業や自己の将来に関する課題などを踏まえて設定すること。
(6) 探究課題の解決を通して育成を目指す具体的な資質・能力については，次の事項に配慮すること。
ア 知識及び技能については，他教科等及び総合的な学習の時間で習得する知識及び技能が相互に関連付けられ，社会の中で生きて働くものとして形成されるようにすること。
イ 思考力，判断力，表現力等については，課題の設定，情報の収集，整理・分析，まとめ・表現などの探究的な学習の過程において発揮され，未知の状況において活用できるものとして身に付けられるようにすること。
ウ 学びに向かう力，人間性等については，自分自身に関すること及び他者や社会との関わりに関することの両方の視点を踏まえること。
(7) 目標を実現するにふさわしい探究課題及び探究課題の解決を通して育成を目指す具体的な資質・能力については，教科等を越えた全ての学習の基盤となる資質・能力が育まれ，活用されるものとなるよう配慮すること。

第3 指導計画の作成と内容の取扱い
1 指導計画の作成に当たっては，次の事項に配慮するものとする。
(1) 年間や，単元など内容や時間のまとまりを見通して，その中で育む資質・能力の育成に向けて，生徒の主体的・対話的で深い学びの実現を図るようにすること。その際，生徒や学校，地域の実態等に応じて，生徒が探究的な見方・考え方を働かせ，教科等の枠を超えた横断的・総合的な学習や生徒の興味・関心等に基づく学習を行うなど創意工夫を生かした教育活動の充実を図ること。
(2) 全体計画及び年間指導計画の作成に当たっては，学校における全教育活動との関連の下に，目標及び内容，学習活動，指導方法や指導体制，学習の評価の計画などを示すこと。その際，小学校における総合的な学習の時間の取組を踏まえること。
(3) 他教科等及び総合的な学習の時間で身に付けた資質・能力を相互に関連付け，学習や生活において生かし，それらが総合的に働くようにすること。その際，言語能力，情報活用能力など全ての学習の基盤となる資質・能力を重視すること。
(4) 他教科等の目標及び内容との違いに留意しつつ，第1の目標並びに第2の各学校において定める目標及び内容を踏まえた適切な学習活動を行うこと。
(5) 各学校における総合的な学習の時間の名称については，各学校において適切に定めること。
(6) 障害のある生徒などについては，学習活動を行う場合に生じる困難さに応じた指導内容や指導方法の工夫を計画的，組織的に行うこと。

(7) 第1章総則の第1の2の(2)に示す道徳教育の目標に基づき，道徳科などとの関連を考慮しながら，第3章特別の教科道徳の第2に示す内容について，総合的な学習の時間の特質に応じて適切な指導をすること。

2　第2の内容の取扱いについては，次の事項に配慮するものとする。

(1) 第2の各学校において定める目標及び内容に基づき，生徒の学習状況に応じて教師が適切な指導を行うこと。

(2) 探究的な学習の過程においては，他者と協働して課題を解決しようとする学習活動や，言語により分析し，まとめたり表現したりするなどの学習活動が行われるようにすること。その際，例えば，比較する，分類する，関連付けるなどの考えるための技法が活用されるようにすること。

(3) 探究的な学習の過程においては，コンピュータや情報通信ネットワークなどを適切かつ効果的に活用して，情報を収集・整理・発信するなどの学習活動が行われるよう工夫すること。その際，情報や情報手段を主体的に選択し活用できるよう配慮すること。

(4) 自然体験や職場体験活動，ボランティア活動などの社会体験，ものづくり，生産活動などの体験活動，観察・実験，見学や調査，発表や討論などの学習活動を積極的に取り入れること。

(5) 体験活動については，第1の目標並びに第2の各学校において定める目標及び内容を踏まえ，探究的な学習の過程に適切に位置付けること。

(6) グループ学習や異年齢集団による学習などの多様な学習形態，地域の人々の協力も得つつ，全教師が一体となって指導に当たるなどの指導体制について工夫を行うこと。

(7) 学校図書館の活用，他の学校との連携，公民館，図書館，博物館等の社会教育施設や社会教育関係団体等の各種団体との連携，地域の教材や学習環境の積極的な活用などの工夫を行うこと。

(8) 職業や自己の将来に関する学習を行う際には，探究的な学習に取り組むことを通して，自己を理解し，将来の生き方を考えるなどの学習活動が行われるようにすること。

資料編

資料④-3　「高等学校学習指導要領 (平成 30 年 3 月告示)」

第1章　総則
第2款 教育課程の編成
3　教育課程の編成における共通的事項
(1)各教科・科目及び単位数等
イ　各学科に共通する各教科・科目及び総合的な探究の時間並びに標準単位数

　各学校においては，教育課程の編成に当たって，次の表に掲げる各教科・科目及び総合的な探究の時間並びにそれぞれの標準単位数を踏まえ，生徒に履修させる各教科・科目及び総合的な探究の時間並びにそれらの単位数について適切に定めるものとする。ただし，生徒の実態等を考慮し，特に必要がある場合には，標準単位数の標準の限度を超えて単位数を増加して配当することができる。（編集部注；表は次頁に掲載）

第4章　総合的な探究の時間
第1 目標
　探究の見方・考え方を働かせ，横断的・総合的な学習を行うことを通して，自己の在り方生き方を考えながら，よりよく課題を発見し解決していくための資質・能力を次のとおり育成することを目指す。

(1) 探究の過程において，課題の発見と解決に必要な知識及び技能を身に付け，課題に関わる概念を形成し，探究の意義や価値を理解するようにする。

(2) 実社会や実生活と自己との関わりから問いを見いだし，自分で課題を立て，情報を集め，整理・分析して，まとめ・表現することができるようにする。

(3) 探究に主体的・協働的に取り組むとともに，互いのよさを生かしながら，新たな価値を創造し，よりよい社会を実現しようとする態度を養う。

第2 各学校において定める目標及び内容

1 目標
　各学校においては，第1の目標を踏まえ，各学校の総合的な探究の時間の目標を定める。

2 内容
　各学校においては，第1の目標を踏まえ，各学校の総合的な探究の時間の内容を定める。

3 各学校において定める目標及び内容の取扱い
　各学校において定める目標及び内容の設定に当たっては，次の事項に配慮するものとする。

(1) 各学校において定める目標については，各学校における教育目標を踏まえ，総合的な探究の時間を通して育成を目指す資質・能力を示すこと。

(2) 各学校において定める目標及び内容については，他教科等の目標及び内容との違いに留意しつつ，他教科等で育成を目指す資質・能力との関連を重視すること。

(3) 各学校において定める目標及び内容については，地域や社会との関わりを重視すること。

(4) 各学校において定める内容については，目標を実現するにふさわしい探究課題，探究課題の解決を通して育成を目指す具体的な資質・能力を示すこと。

(5) 目標を実現するにふさわしい探究課題については，地域や学校の実態，生徒の特性等に応じて，例えば，国際理解，情報，環境，福祉・健康などの現代的な諸課題に対応する横断的・総合的な課題，地域や学校の特色に応じた課題，生徒の興味・関心に基づく課題，職業や自己の進路に関する課題などを踏まえて設定すること。

(6) 探究課題の解決を通して育成を目指す具体的な資質・能力については，次の事項に配慮すること。

89

教科等	科目	標準単位数	教科等	科目	標準単位数
国語	現代の国語	2	保健体育	体育	7〜8
	言語文化	2		保健	2
	論理国語	4	芸術	音楽I	2
	文学国語	4		音楽II	2
	国語表現	4		音楽III	2
	古典探究	4		美術I	2
地理歴史	地理総合	2		美術II	2
	地理探究	3		美術III	2
	歴史総合	2		工芸I	2
	日本史探究	3		工芸II	2
	世界史探究	3		工芸III	2
公民	公共	2		書道I	2
	倫理	2		書道II	2
	政治・経済	2		書道III	2
数学	数学I	3	外国語	英語コミュニケーションI	3
	数学II	4		英語コミュニケーションII	4
	数学III	3		英語コミュニケーションIII	4
	数学A	2		論理・表現I	2
	数学B	2		論理・表現II	2
	数学C	2		論理・表現III	2
理科	科学と人間生活	2	家庭	家庭基礎	2
	物理基礎	2		家庭総合	4
	物理	4	情報	情報I	2
	化学基礎	2		情報II	2
	化学	4	理数	理数探究基礎	1
	生物基礎	2		理数探究	2〜5
	生物	4	総合的な探究の時間		3〜6
	地学基礎	2			
	地学	4			

ア　知識及び技能については，他教科等及び総合的な探究の時間で習得する知識及び技能が相互に関連付けられ，社会の中で生きて働くものとして形成されるようにすること。

イ　思考力，判断力，表現力等については，課題の設定，情報の収集，整理・分析，まとめ・表現などの探究の過程において発揮され，未知の状況において活用できるものとして身に付けられるようにすること。

ウ　学びに向かう力，人間性等については，自分自身に関すること及び他者や社会との関わりに関することの両方の視点を踏まえること。

(7) 目標を実現するにふさわしい探究課題及び探究課題の解決を通して育成を目指す具体的な資質・能力については，教科・科目等を越えた全ての学習の基盤となる資質・能力が育まれ，活用されるものとなるよう配慮すること。

第3 指導計画の作成と内容の取扱い
1 指導計画の作成に当たっては，次の事項に配慮するものとする。

(1) 年間や，単元など内容や時間のまとまりを見通して，その中で育む資質・能力の育成に向けて，生徒の主体的・対話的で深い学びの実現を図るようにすること。その際，生徒や学校，地域の実態等に応じて，生徒が探究の見方・考え方を働かせ，教科・科目等の枠を超えた横断的・総合的な学習や生徒の興味・関心等に基づく学習を行うなど創意工夫を生かした教育活動の充実を図ること。

(2) 全体計画及び年間指導計画の作成に当たっては，学校における全教育活動との関連の下に，目標及び内容，学習活動，指導方法や指導体制，学習の評価の計画などを示すこと。

(3) 目標を実現するにふさわしい探究課題を設定するに当たっては，生徒の多様な課題に対する意識を生かすことができるよう配慮すること。

(4) 他教科等及び総合的な探究の時間で身に付けた資質・能力を相互に関連付け，学習や生活において生かし，それらが総合的に働くようにすること。

その際，言語能力，情報活用能力など全ての学習の基盤となる資質・能力を重視すること。

(5) 他教科等の目標及び内容との違いに留意しつつ，第1の目標並びに第2の各学校において定める目標及び内容を踏まえた適切な学習活動を行うこと。

(6) 各学校における総合的な探究の時間の名称については，

各学校において適切に定めること。

(7) 障害のある生徒などについては，学習活動を行う場合に生じる困難さに応じた指導内容や指導方法の工夫を計画的，組織的に行うこと。

(8) 総合学科においては，総合的な探究の時間の学習活動として，原則として生徒が興味・関心，進路等に応じて設定した課題について知識や技能の深化，総合化を図る学習活動を含むこと。

2 内容の取扱いに当たっては，次の事項に配慮するものとする。

(1) 第2の各学校において定める目標及び内容に基づき，生徒の学習状況に応じて教師が適切な指導を行うこと。

(2) 課題の設定においては，生徒が自分で課題を発見する過程を重視すること。

(3) 第2の3の (6) のウにおける両方の視点を踏まえた学習を行う際には，これらの視点を生徒が自覚し，内省的に捉えられるよう配慮すること。

(4) 探究の過程においては，他者と協働して課題を解決しようとする学習活動や，言語により分析し，まとめたり表現したりするなどの学習活動が行われるようにすること。その際，例えば，比較する，分類する，関連付けるなどの考えるための技法が自在に活用されるようにすること。

(5) 探究の過程においては，コンピュータや情報通信ネットワークなどを適切かつ効果的に活用して，情報を収集・整理・発信するなどの学習活動が行われるよう工夫すること。その際，情報や情報手段を主体的に選択し活用できるよう配慮すること。

(6) 自然体験や就業体験活動，ボランティア活動などの社会体験，ものづくり，生産活動などの体験活動，観察・実験・実習，調査・研究，発表や討論などの学習活動を積極的に取り入れること。

(7) 体験活動については，第1の目標並びに第2の各学校において定める目標及び内容を踏まえ，探究の過程に適切に位置付けること。

(8) グループ学習や個人研究などの多様な学習形態，地域の人々の協力も得つつ，全教師が一体となって指導に当たるなどの指導体制について工夫を行うこと。

(9) 学校図書館の活用，他の学校との連携，公民館，図書館，博物館等の社会教育施設や社会教育関係団体等の各種団体との連携，地域の教材や学習環境の積極的な活用などの工夫を行うこと。

(10) 職業や自己の進路に関する学習を行う際には，探究に取り組むことを通して，自己を理解し，将来の在り方生き方を考えるなどの学習活動が行われるようにすること。

資料⑤ 「教職課程コアカリキュラム　総合的な学習の時間の指導法」　*平成29年11月17日教育課程コアカリキュラムの在り方に関する検討会作成。

全体目標

　総合的な学習の時間は，探究的な見方・考え方を働かせ，横断的・総合的な学習を行うことを通して，よりよく課題を解決し，自己の生き方を考えていくための資質・能力の育成を目指す。各教科等で育まれる見方・考え方を総合的に活用して，広範な事象を多様な角度から俯瞰して捉え，実社会・実生活の課題を探究する学びを実現するために，指導計画の作成および具体的な指導の仕方，並びに学習活動の評価に関する知識・技能を身に付ける。

*養護教諭及び栄養教諭の教職課程において「道徳，総合的な学習の時間及び特別活動に関する内容」を開設する場合は，(1)(2)を習得し，そこに記載されている一般目標と到達目標に沿ってシラバスを編成する。なお，その場合は学習指導要領の内容を包括的に含むこと。

(1)総合的な学習の時間の意義と原理
一般目標
　総合的な学習の時間の意義や，各学校において目標及び内容を定める際の考え方を理解する。
到達目標
1) 総合的な学習の時間の意義と教育課程において果たす役割について，教科を越えて必要となる資質・能力の育成の視点から理解している。
2) 学習指導要領における総合的な学習の時間の目標並びに各学校において目標及び内容を定める際の考え方や留意点を

理解している。

(2)総合的な学習の時間の指導計画の作成
一般目標
　総合的な学習の時間の指導計画作成の考え方を理解し，その実現のために必要な基礎的な能力を身に付ける。
到達目標
1) 各教科等との関連性を図りながら総合的な学習の時間の年間指導計画を作成することの重要性と，その具体的な事例を理解している。
2) 主体的・対話的で深い学びを実現するような，総合的な学習の時間の単元計画を作成することの重要性とその具体的な事例を理解している。

(3)総合的な学習の時間の指導と評価
一般目標
　総合的な学習の時間の指導と評価の考え方および実践上の留意点を理解する。
到達目標
1) 探究的な学習の過程及びそれを実現するための具体的な手立てを理解している。
2) 総合的な学習の時間における児童及び生徒の学習状況に関する評価の方法及びその留意点を理解している。

日本国憲法　11・14・26条

第3章　国民の権利及び義務

〔基本的人権〕

第十一条　国民は，すべての基本的人権の享有を妨げられない。この憲法が国民に保障する基本的人権は，侵すことのできない永久の権利として，現在及び将来の国民に与へられる。

〔法の下の平等〕

第十四条　すべて国民は，法の下に平等であつて，人種，信条，性別，社会的身分又は門地により，政治的，経済的又は社会的関係において，差別されない。

〔教育を受ける権利と受けさせる義務〕

第二十六条　すべて国民は，法律の定めるところにより，その能力に応じて，ひとしく教育を受ける権利を有する。

2　すべて国民は，法律の定めるところにより，その保護する子女に普通教育を受けさせる義務を負ふ。義務教育は，これを無償とする。

教育基本法 (平成18年12月22日施行)

教育基本法 (昭和二十二年法律第二十五号) の全部を改正する。

前文

　我々日本国民は，たゆまぬ努力によって築いてきた民主的で文化的な国家を更に発展させるとともに，世界の平和と人類の福祉の向上に貢献することを願うものである。

　我々は，この理想を実現するため，個人の尊厳を重んじ，真理と正義を希求し，公共の精神を尊び，豊かな人間性と創造性を備えた人間の育成を期するとともに，伝統を継承し，新しい文化の創造を目指す教育を推進する。

　ここに，我々は，日本国憲法の精神にのっとり，我が国の未来を切り拓く教育の基本を確立し，その振興を図るため，この法律を制定する。

第一章　教育の目的及び理念

(教育の目的)

第一条　教育は，人格の完成を目指し，平和で民主的な国家及び社会の形成者として必要な資質を備えた心身ともに健康な国民の育成を期して行われなければならない。

(教育の目標)

第二条　教育は，その目的を実現するため，学問の自由を尊重しつつ，次に掲げる目標を達成するよう行われるものとする。

一　幅広い知識と教養を身に付け，真理を求める態度を養い，豊かな情操と道徳心を培うとともに，健やかな身体を養うこと。

二　個人の価値を尊重して，その能力を伸ばし，創造性を培い，自主及び自律の精神を養うとともに，職業及び生活との関連を重視し，勤労を重んずる態度を養うこと。

三　正義と責任，男女の平等，自他の敬愛と協力を重んずるとともに，公共の精神に基づき，主体的に社会の形成に参画し，その発展に寄与する態度を養うこと。

四　生命を尊び，自然を大切にし，環境の保全に寄与する態度を養うこと。

五　伝統と文化を尊重し，それらをはぐくんできた我が国と郷土を愛するとともに，他国を尊重し，国際社会の平和と発展に寄与する態度を養うこと。

(生涯学習の理念)

第三条　国民一人一人が，自己の人格を磨き，豊かな人生を送ることができるよう，その生涯にわたって，あらゆる機会に，あらゆる場所において学習することができ，その成果を適切に生かすことのできる社会の実現が図られなければならない。

(教育の機会均等)

第四条　すべて国民は，ひとしく，その能力に応じた教育を受ける機会を与えられなければならず，人種，信条，性別，社会的身分，経済的地位又は門地によって，教育上差別されない。

2　国及び地方公共団体は，障害のある者が，その障害の状態に応じ，十分な教育を受けられるよう，教育上必要な支援を講じなければならない。

3　国及び地方公共団体は，能力があるにもかかわらず，経済的理由によって修学が困難な者に対して，奨学の措置を講じなければならない。

第二章　教育の実施に関する基本

(義務教育)

第五条　国民は，その保護する子に，別に法律で定めるところにより，普通教育を受けさせる義務を負う。

2　義務教育として行われる普通教育は，各個人の有する能力を伸ばしつつ社会において自立的に生きる基礎を培い，また，国家及び社会の形成者として必要とされる基本的な資質を養うことを目的として行われるものとする。

3　国及び地方公共団体は，義務教育の機会を保障し，その水準を確保するため，適切な役割分担及び相互の協力の下，その実施に責任を負う。

4　国又は地方公共団体の設置する学校における義務教育については，授業料を徴収しない。

(学校教育)

第六条　法律に定める学校は，公の性質を有するものであって，国，地方公共団体及び法律に定める法人のみが，これを設置することができる。

2　前項の学校においては，教育の目標が達成されるよう，教育を受ける者の心身の発達に応じて，体系的な教育が組織的に行われなければならない。この場合において，教育を受ける者が，学校生活を営む上で必要な規律を重んずるとともに，自ら進んで学習に取り組む意欲を高めることを重視して行われなければならない。

(大学)

第七条　大学は，学術の中心として，高い教養と専門的能力を培うとともに，深く真理を探究して新たな知見を創造し，これらの成果を広く社会に提供することにより，社会の発展に寄与するものとする。

2　大学については，自主性，自律性その他の大学における教育及び研究の特性が尊重されなければならない。

（私立学校）

第八条　私立学校の有する公の性質及び学校教育において果たす重要な役割にかんがみ，国及び地方公共団体は，その自主性を尊重しつつ，助成その他の適当な方法によって私立学校教育の振興に努めなければならない。

（教員）

第九条　法律に定める学校の教員は，自己の崇高な使命を深く自覚し，絶えず研究と修養に励み，その職責の遂行に努めなければならない。

2　前項の教員については，その使命と職責の重要性にかんがみ，その身分は尊重され，待遇の適正が期せられるとともに，養成と研修の充実が図られなければならない。

（家庭教育）

第十条　父母その他の保護者は，子の教育について第一義的責任を有するものであって，生活のために必要な習慣を身に付けさせるとともに，自立心を育成し，心身の調和のとれた発達を図るよう努めるものとする。

2　国及び地方公共団体は，家庭教育の自主性を尊重しつつ，保護者に対する学習の機会及び情報の提供その他の家庭教育を支援するために必要な施策を講ずるよう努めなければならない。

（幼児期の教育）

第十一条　幼児期の教育は，生涯にわたる人格形成の基礎を培う重要なものであることにかんがみ，国及び地方公共団体は，幼児の健やかな成長に資する良好な環境の整備その他適当な方法によって，その振興に努めなければならない。

（社会教育）

第十二条　個人の要望や社会の要請にこたえ，社会において行われる教育は，国及び地方公共団体によって奨励されなければならない。

2　国及び地方公共団体は，図書館，博物館，公民館その他の社会教育施設の設置，学校の施設の利用，学習の機会及び情報の提供その他の適当な方法によって社会教育の振興に努めなければならない。

（学校，家庭及び地域住民等の相互の連携協力）

第十三条　学校，家庭及び地域住民その他の関係者は，教育におけるそれぞれの役割と責任を自覚するとともに，相互の連携及び協力に努めるものとする。

（政治教育）

第十四条　良識ある公民として必要な政治的教養は，教育上尊重されなければならない。

2　法律に定める学校は，特定の政党を支持し，又はこれに反対するための政治教育その他政治的活動をしてはならない。

（宗教教育）

第十五条　宗教に関する寛容の態度，宗教に関する一般的な教養及び宗教の社会生活における地位は，教育上尊重されなければならない。

2　国及び地方公共団体が設置する学校は，特定の宗教のための宗教教育その他宗教的活動をしてはならない。

第三章　教育行政

（教育行政）

第十六条　教育は，不当な支配に服することなく，この法律及び他の法律の定めるところにより行われるべきものであり，教育行政は，国と地方公共団体との適切な役割分担及び相互の協力の下，公正かつ適正に行われなければならない。

2　国は，全国的な教育の機会均等と教育水準の維持向上を図るため，教育に関する施策を総合的に策定し，実施しなければならない。

3　地方公共団体は，その地域における教育の振興を図るため，その実情に応じた教育に関する施策を策定し，実施しなければならない。

4　国及び地方公共団体は，教育が円滑かつ継続的に実施されるよう，必要な財政上の措置を講じなければならない。

（教育振興基本計画）

第十七条　政府は，教育の振興に関する施策の総合的かつ計画的な推進を図るため，教育の振興に関する施策についての基本的な方針及び講ずべき施策その他必要な事項について，基本的な計画を定め，これを国会に報告するとともに，公表しなければならない。

2　地方公共団体は，前項の計画を参酌し，その地域の実情に応じ，当該地方公共団体における教育の振興のための施策に関する基本的な計画を定めるよう努めなければならない。

第四章　法令の制定

第十八条　この法律に規定する諸条項を実施するため，必要な法令が制定されなければならない。

学校教育法

第一章　総則

第一条　この法律で，学校とは，幼稚園，小学校，中学校，義務教育学校，高等学校，中等教育学校，特別支援学校，大学及び高等専門学校とする。

第二条　学校は，国（国立大学法人法（平成十五年法律第百十二号）第二条第一項に規定する国立大学法人及び独立行政法人国立高等専門学校機構を含む。以下同じ。），地方公共団体（地方独立行政法人法（平成十五年法律第百十八号）第六十八条第一項に規定する公立大学法人（以下「公立大学法人」という。）を含む。次項及び第百二十七条において同じ。）及び私立学校法（昭和二十四年法律第二百七十号）第三条に規定する学校法人（以下「学校法人」という。）のみが，これを設置することができる。

②　この法律で，国立学校とは，国の設置する学校を，公立学校とは，地方公共団体の設置する学校を，私立学校とは，学校法人の設置する学校をいう。

第七条　学校には，校長及び相当数の教員を置かなければならない。

第二章　義務教育

第十六条　保護者（子に対して親権を行う者（親権を行う者のないときは，未成年後見人）をいう。以下同じ。）は，次条に定めるところにより，子に九年の普通教育を受けさせる義務を負う。

第二十一条　義務教育として行われる普通教育は，教育基本法（平成十八年法律第百二十号）第五条第二項に規定する目的を実現するため，次に掲げる目標を達成するよう行われるもの

とする。

一　学校内外における社会的活動を促進し，自主，自律及び協同の精神，規範意識，公正な判断力並びに公共の精神に基づき主体的に社会の形成に参画し，その発展に寄与する態度を養うこと。

二　学校内外における自然体験活動を促進し，生命及び自然を尊重する精神並びに環境の保全に寄与する態度を養うこと。

三　我が国と郷土の現状と歴史について，正しい理解に導き，伝統と文化を尊重し，それらをはぐくんできた我が国と郷土を愛する態度を養うとともに，進んで外国の文化の理解を通じて，他国を尊重し，国際社会の平和と発展に寄与する態度を養うこと。

四　家族と家庭の役割，生活に必要な衣，食，住，情報，産業その他の事項について基礎的な理解と技能を養うこと。

五　読書に親しませ，生活に必要な国語を正しく理解し，使用する基礎的な能力を養うこと。

六　生活に必要な数量的な関係を正しく理解し，処理する基礎的な能力を養うこと。

七　生活にかかわる自然現象について，観察及び実験を通じて，科学的に理解し，処理する基礎的な能力を養うこと。

八　健康，安全で幸福な生活のために必要な習慣を養うとともに，運動を通じて体力を養い，心身の調和的発達を図ること。

九　生活を明るく豊かにする音楽，美術，文芸その他の芸術について基礎的な理解と技能を養うこと。

十　職業についての基礎的な知識と技能，勤労を重んずる態度及び個性に応じて将来の進路を選択する能力を養うこと。

第四章　小学校

第二十九条　小学校は，心身の発達に応じて，義務教育として行われる普通教育のうち基礎的なものを施すことを目的とする。

第三十条　小学校における教育は，前条に規定する目的を実現するために必要な程度において第二十一条各号に掲げる目標を達成するよう行われるものとする。

②　前項の場合においては，生涯にわたり学習する基盤が培われるよう，基礎的な知識及び技能を習得させるとともに，これらを活用して課題を解決するために必要な思考力，判断力，表現力その他の能力をはぐくみ，主体的に学習に取り組む態度を養うことに，特に意を用いなければならない。

第三十二条　小学校の修業年限は，六年とする。

第三十三条　小学校の教育課程に関する事項は，第二十九条及び第三十条の規定に従い，文部科学大臣が定める。

第三十七条　小学校には，校長，教頭，教諭，養護教諭及び事務職員を置かなければならない。

②　小学校には，前項に規定するもののほか，副校長，主幹教諭，指導教諭，栄養教諭その他必要な職員を置くことができる。

③　第一項の規定にかかわらず，副校長を置くときその他特別の事情のあるときは教頭を，養護をつかさどる主幹教諭を置くときは養護教諭を，特別の事情のあるときは事務職員を，それぞれ置かないことができる。

④　校長は，校務をつかさどり，所属職員を監督する。

⑤　副校長は，校長を助け，命を受けて校務をつかさどる。

⑥　副校長は，校長に事故があるときはその職務を代理し，校長が欠けたときはその職務を行う。この場合において，副校長が二人以上あるときは，あらかじめ校長が定めた順序で，その職務を代理し，又は行う。

⑦　教頭は，校長（副校長を置く小学校にあつては，校長及び副校長）を助け，校務を整理し，及び必要に応じ児童の教育をつかさどる。

⑧　教頭は，校長（副校長を置く小学校にあつては，校長及び副校長）に事故があるときは校長の職務を代理し，校長（副校長を置く小学校にあつては，校長及び副校長）が欠けたときは校長の職務を行う。この場合において，教頭が二人以上あるときは，あらかじめ校長が定めた順序で，校長の職務を代理し，又は行う。

⑨　主幹教諭は，校長（副校長を置く小学校にあつては，校長及び副校長）及び教頭を助け，命を受けて校務の一部を整理し，並びに児童の教育をつかさどる。

⑩　指導教諭は，児童の教育をつかさどり，並びに教諭その他の職員に対して，教育指導の改善及び充実のために必要な指導及び助言を行う。

⑪　教諭は，児童の教育をつかさどる。

⑫　養護教諭は，児童の養護をつかさどる。

⑬　栄養教諭は，児童の栄養の指導及び管理をつかさどる。

⑭　事務職員は，事務をつかさどる。

⑮　助教諭は，教諭の職務を助ける。

⑯　講師は，教諭又は助教諭に準ずる職務に従事する。

⑰　養護助教諭は，養護教諭の職務を助ける。

⑱　特別の事情のあるときは，第一項の規定にかかわらず，教諭に代えて助教諭又は講師を，養護教諭に代えて養護助教諭を置くことができる。

⑲　学校の実情に照らし必要があると認めるときは，第九項の規定にかかわらず，校長（副校長を置く小学校にあつては，校長及び副校長）及び教頭を助け，命を受けて校務の一部を整理し，並びに児童の養護又は栄養の指導及び管理をつかさどる主幹教諭を置くことができる。

第五章　中学校

第四十五条　中学校は，小学校における教育の基礎の上に，心身の発達に応じて，義務教育として行われる普通教育を施すことを目的とする。

第四十六条　中学校における教育は，前条に規定する目的を実現するため，第二十一条各号に掲げる目標を達成するよう行われるものとする。

第四十七条　中学校の修業年限は，三年とする。

第四十八条　中学校の教育課程に関する事項は，第四十五条及び第四十六条の規定並びに次条において読み替えて準用する第三十条第二項の規定に従い，文部科学大臣が定める。

第四十九条　第三十条第二項，第三十一条，第三十四条，第三十五条及び第三十七条から第四十四条までの規定は，中学校に準用する。この場合において，第三十条第二項中「前項」とあるのは「第四十六条」と，第三十一条中「前条第一項」とあるのは「第四十六条」と読み替えるものとする。

第五章の二　義務教育学校

第四十九条の二　義務教育学校は，心身の発達に応じて，義務教育として行われる普通教育を基礎的なものから一貫して施すことを目的とする。

第四十九条の三　義務教育学校における教育は，前条に規定する目的を実現するため，第二十一条各号に掲げる目標を達成するよう行われるものとする。

第四十九条の四　義務教育学校の修業年限は，九年とする。

第四十九条の五　義務教育学校の課程は，これを前期六年の前期課程及び後期三年の後期課程に区分する。

第四十九条の六　義務教育学校の前期課程における教育は，第四十九条の二に規定する目的のうち，心身の発達に応じて，義務教育として行われる普通教育のうち基礎的なものを施すことを実現するために必要な程度において第二十一条各号に掲げる目標を達成するよう行われるものとする。

② 義務教育学校の後期課程における教育は，第四十九条の二に規定する目的のうち，前期課程における教育の基礎の上に，心身の発達に応じて，義務教育として行われる普通教育を施すことを実現するため，第二十一条各号に掲げる目標を達成するよう行われるものとする。

第四十九条の七　義務教育学校の前期課程及び後期課程の教育課程に関する事項は，第四十九条の二，第四十九条の三及び前条の規定並びに次条において読み替えて準用する第三十条第二項の規定に従い，文部科学大臣が定める。

第四十九条の八　第三十条第二項，第三十一条，第三十四条から第三十七条まで及び第四十二条から第四十四条までの規定は，義務教育学校に準用する。この場合において，第三十条第二項中「前項」とあるのは「第四十九条の三」と，第三十一条中「前条第一項」とあるのは「第四十九条の三」と読み替えるものとする。

第六章　高等学校

第五十条　高等学校は，中学校における教育の基礎の上に，心身の発達及び進路に応じて，高度な普通教育及び専門教育を施すことを目的とする。

第五十一条　高等学校における教育は，前条に規定する目的を実現するため，次に掲げる目標を達成するよう行われるものとする。

一　義務教育として行われる普通教育の成果を更に発展拡充させて，豊かな人間性，創造性及び健やかな身体を養い，国家及び社会の形成者として必要な資質を養うこと。

二　社会において果たさなければならない使命の自覚に基づき，個性に応じて将来の進路を決定させ，一般的な教養を高め，専門的な知識，技術及び技能を習得させること。

三　個性の確立に努めるとともに，社会について，広く深い理解と健全な批判力を養い，社会の発展に寄与する態度を養うこと。

第五十六条　高等学校の修業年限は，全日制の課程については，三年とし，定時制の課程及び通信制の課程については，三年以上とする。

第六十条　高等学校には，校長，教頭，教諭及び事務職員を置かなければならない。

② 高等学校には，前項に規定するもののほか，副校長，主幹教諭，指導教諭，養護教諭，栄養教諭，養護助教諭，実習助手，技術職員その他必要な職員を置くことができる。

③ 第一項の規定にかかわらず，副校長を置くときは，教頭を置かないことができる。

④ 実習助手は，実験又は実習について，教諭の職務を助ける。

⑤ 特別の事情のあるときは，第一項の規定にかかわらず，教諭に代えて助教諭又は講師を置くことができる。

⑥ 技術職員は，技術に従事する。

第七章　中等教育学校

第六十三条　中等教育学校は，小学校における教育の基礎の上に，心身の発達及び進路に応じて，義務教育として行われる普通教育並びに高度な普通教育及び専門教育を一貫して施すことを目的とする。

第六十四条　中等教育学校における教育は，前条に規定する目的を実現するため，次に掲げる目標を達成するよう行われるものとする。

一　豊かな人間性，創造性及び健やかな身体を養い，国家及び社会の形成者として必要な資質を養うこと。

二　社会において果たさなければならない使命の自覚に基づき，個性に応じて将来の進路を決定させ，一般的な教養を高め，専門的な知識，技術及び技能を習得させること。

三　個性の確立に努めるとともに，社会について，広く深い理解と健全な批判力を養い，社会の発展に寄与する態度を養うこと。

第八章　特別支援教育

第七十二条　特別支援学校は，視覚障害者，聴覚障害者，知的障害者，肢体不自由者又は病弱者（身体虚弱者を含む。以下同じ。）に対して，幼稚園，小学校，中学校又は高等学校に準ずる教育を施すとともに，障害による学習上又は生活上の困難を克服し自立を図るために必要な知識技能を授けることを目的とする。

第八十一条　幼稚園，小学校，中学校，義務教育学校，高等学校及び中等教育学校においては，次項各号のいずれかに該当する幼児，児童及び生徒その他教育上特別の支援を必要とする幼児，児童及び生徒に対し，文部科学大臣の定めるところにより，障害による学習上又は生活上の困難を克服するための教育を行うものとする。

② 小学校，中学校，義務教育学校，高等学校及び中等教育学校には，次の各号のいずれかに該当する児童及び生徒のために，特別支援学級を置くことができる。

一　知的障害者

二　肢体不自由者

三　身体虚弱者

四　弱視者

五　難聴者

六　その他障害のある者で，特別支援学級において教育を行うことが適当なもの

③ 前項に規定する学校においては，疾病により療養中の児童及び生徒に対して，特別支援学級を設け，又は教員を派遣して，教育を行うことができる。

第四章　小学校

第二節　教育課程

第五十条　小学校の教育課程は，国語，社会，算数，理科，生活，音楽，図画工作，家庭及び体育の各教科（以下この節において「各教科」という。），道徳，外国語活動，総合的な学習の時間並びに特別活動によつて編成するものとする。

２　私立の小学校の教育課程を編成する場合は，前項の規定にかかわらず，宗教を加えることができる。この場合においては，宗教をもつて前項の道徳に代えることができる。

第五十一条　小学校（第五十二条の二第二項に規定する中学校連携型小学校及び第七十九条の九第二項に規定する中学校併設型小学校を除く。）の各学年における各教科，道徳，外国語活動，総合的な学習の時間及び特別活動のそれぞれの授業時数並びに各学年におけるこれらの総授業時数は，別表第一に定める授業時数を標準とする。

第五十二条　小学校の教育課程については，この節に定めるもののほか，教育課程の基準として文部科学大臣が別に公示する小学校学習指導要領によるものとする。

第五十四条　児童が心身の状況によつて履修することが困難な各教科は，その児童の心身の状況に適合するように課さなければならない。

第五十五条　小学校の教育課程に関し，その改善に資する研究を行うため特に必要があり，かつ，児童の教育上適切な配慮がなされていると文部科学大臣が認める場合においては，文部科学大臣が別に定めるところにより，第五十条第一項，第五十一条（中学校連携型小学校にあつては第五十二条の三，第七十九条の九第二項に規定する中学校併設型小学校にあつては第七十九条の十二において準用する第七十九条の五第一項）又は第五十二条の規定によらないことができる。

第五十五条の二　文部科学大臣が，小学校において，当該小学校又は当該小学校が設置されている地域の実態に照らし，より効果的な教育を実施するため，当該小学校又は当該地域の特色を生かした特別の教育課程を編成して教育を実施する必要があり，かつ，当該特別の教育課程について，教育基本法（平成十八年法律第百二十号）及び学校教育法第三十条第一項の規定等に照らして適切であり，児童の教育上適切な配慮がなされているものとして文部科学大臣が定める基準を満たしていると認める場合においては，文部科学大臣が別に定めるところにより，第五十条第一項，第五十一条（中学校連携型小学校にあつては第五十二条の三，第七十九条の九第二項に規定する中学校併設型小学校にあつては第七十九条の十二において準用する第七十九条の五第一項）又は第五十二条の規定の全部又は一部によらないことができる。

第五十六条　小学校において，学校生活への適応が困難であるため相当の期間小学校を欠席し引き続き欠席すると認められる児童を対象として，その実態に配慮した特別の教育課程を編成して教育を実施する必要があると文部科学大臣が認める場合においては，文部科学大臣が別に定めるところにより，第五十条第一項，第五十一条（中学校連携型小学校にあつて

は第五十二条の三，第七十九条の九第二項に規定する中学校併設型小学校にあつては第七十九条の十二において準用する第七十九条の五第一項）又は第五十二条の規定によらないことができる。

第五十六条の二　小学校において，日本語に通じない児童のうち，当該児童の日本語を理解し，使用する能力に応じた特別の指導を行う必要があるものを教育する場合には，文部科学大臣が別に定めるところにより，第五十条第一項，第五十一条（中学校連携型小学校にあつては第五十二条の三，第七十九条の九第二項に規定する中学校併設型小学校にあつては第七十九条の十二において準用する第七十九条の五第一項）又は第五十二条の規定の全部又は一部によらないことができる。

第五十六条の三　前条の規定により特別の教育課程による場合においては，校長は，児童が設置者の定めるところにより他の小学校，義務教育学校の前期課程又は特別支援学校の小学部において受けた授業を，当該児童の在学する小学校において受けた当該特別の教育課程に係る授業とみなすことができる。

第五十六条の四　小学校において，学齢を経過した者のうち，その者の年齢，経験又は勤労の状況その他の実情に応じた特別の指導を行う必要があるものを夜間その他特別の時間において教育する場合には，文部科学大臣が別に定めるところにより，第五十条第一項，第五十一条（中学校連携型小学校にあつては第五十二条の三，第七十九条の九第二項に規定する中学校併設型小学校にあつては第七十九条の十二において準用する第七十九条の五第一項）及び第五十二条の規定にかかわらず，特別の教育課程によることができる。

第三節　学年及び授業日

第六十一条　公立小学校における休業日は，次のとおりとする。ただし，第三号に掲げる日を除き，当該学校を設置する地方公共団体の教育委員会（公立大学法人の設置する小学校にあつては，当該公立大学法人の理事長。第三号において同じ。）が必要と認める場合は，この限りでない。

一　国民の祝日に関する法律（昭和二十三年法律第百七十八号）に規定する日

二　日曜日及び土曜日

三　学校教育法施行令第二十九条の規定により教育委員会が定める日

第六十二条　私立小学校における学期及び休業日は，当該学校の学則で定める。

第五章　中学校

第七十二条　中学校の教育課程は，国語，社会，数学，理科，音楽，美術，保健体育，技術・家庭及び外国語の各教科（以下本章及び第七章中「各教科」という。），道徳，総合的な学習の時間並びに特別活動によつて編成するものとする。

第七十三条　中学校（併設型中学校，第七十四条の二第二

資料編

項に規定する小学校連携型中学校，第七十五条第二項に規定する連携型中学校及び第七十九条の九第二項に規定する小学校併設型中学校を除く。）の各学年における各教科，道徳，総合的な学習の時間及び特別活動のそれぞれの授業時数並びに各学年におけるこれらの総授業時数は，別表第二に定める授業時数を標準とする。

第七十四条　中学校の教育課程については，この章に定めるもののほか，教育課程の基準として文部科学大臣が別に公示する中学校学習指導要領によるものとする。

第七十九条　第四十一条から第四十九条まで，第五十条第二項，第五十四条から第六十八条までの規定は，中学校に準用する。この場合において，第四十二条中「五学級」とあるのは「二学級」と，第五十五条から第五十六条の二まで及び第五十六条の四の規定中「第五十条第一項」とあるのは「第七十二条」と，「第五十一条（中学校連携型小学校にあつては第五十二条の三，第七十九条の九第二項に規定する中学校併設型小学校にあつては第七十九条の十二において準用する第七十九条の五第一項）」とあるのは「第七十三条（併設型中学校にあつては第百十七条において準用する第百七条，小学校連携型中学校にあつては第七十四条の三，連携型中学校にあつては第七十六条，第七十九条の九第二項に規定する小学校併設型中学校にあつては第七十九条の十二において準用する第七十九条の五第二項）」と，「第五十二条」とあるのは「第七十四条」と，第五十五条の二中「第三十条第一項」とあるのは「第四十六条」と，第五十六条の三中「他の小学校，義務教育学校の前期課程又は特別支援学校の小学部」とあるのは「他の中学校，義務教育学校の後期課程，中等教育学校の前期課程又は特別支援学校の中学部」と読み替えるものとする。

第六章　高等学校
第一節　設備，編制，学科及び教育課程
第八十三条　高等学校の教育課程は，別表第三に定める各教科に属する科目，総合的な学習の時間及び特別活動によつて編成するものとする。

第八十四条　高等学校の教育課程については，この章に定めるもののほか，教育課程の基準として文部科学大臣が別に公示する高等学校学習指導要領によるものとする。

第八章　特別支援教育
第百三十八条　小学校，中学校若しくは義務教育学校又は中等教育学校の前期課程における特別支援学級に係る教育課程については，特に必要がある場合は，第五十条第一項

（第七十九条の六第一項において準用する場合を含む。），第五十一条，第五十二条（第七十九条の六第一項において準用する場合を含む。），第五十二条の三，第七十二条（第七十九条の六第二項及び第百八条第一項において準用する場合を含む。），第七十三条，第七十四条（第七十九条の六第二項及び第百八条第一項において準用する場合を含む。），第七十四条の三，第七十六条，第七十九条の五（第七十九条の十二において準用する場合を含む。）及び第百七条（第百十七条において準用する場合を含む。）の規定にかかわらず，特別の教育課程によることができる。

第百四十条　小学校，中学校若しくは義務教育学校又は中等教育学校の前期課程において，次の各号のいずれかに該当する児童又は生徒（特別支援学級の児童及び生徒を除く。）のうち当該障害に応じた特別の指導を行う必要があるものを教育する場合には，文部科学大臣が別に定めるところにより，第五十条第一項（第七十九条の六第一項において準用する場合を含む。），第五十一条，第五十二条（第七十九条の六第一項において準用する場合を含む。），第五十二条の三，第七十二条（第七十九条の六第二項及び第百八条第一項において準用する場合を含む。），第七十三条，第七十四条（第七十九条の六第二項及び第百八条第一項において準用する場合を含む。），第七十四条の三，第七十六条，第七十九条の五（第七十九条の十二において準用する場合を含む。）及び第百七条（第百十七条において準用する場合を含む。）の規定にかかわらず，特別の教育課程によることができる。

一　言語障害者

二　自閉症者

三　情緒障害者

四　弱視者

五　難聴者

六　学習障害者

七　注意欠陥多動性障害者

八　その他障害のある者で，この条の規定により特別の教育課程による教育を行うことが適当なもの

第百四十一条　前条の規定により特別の教育課程による場合においては，校長は，児童又は生徒が，当該小学校，中学校，義務教育学校又は中等教育学校の設置者の定めるところにより他の小学校，中学校，義務教育学校，中等教育学校の前期課程又は特別支援学校の小学部若しくは中学部において受けた授業を，当該小学校，中学校若しくは義務教育学校又は中等教育学校の前期課程において受けた当該特別の教育課程に係る授業とみなすことができる。

別表 第一 (第五十一条関係)－小学校・各教科の授業時数

区分		第1学年	第2学年	第3学年	第4学年	第5学年	第6学年
各教科の授業時数	国語	306	315	245	245	175	175
	社会	—	—	70	90	100	105
	算数	136	175	175	175	175	175
	理科	—	—	90	105	105	105
	生活	102	105	—	—	—	—
	音楽	68	70	60	60	50	50
	図画工作	68	70	60	60	50	50
	家庭	—	—	—	—	60	55
	体育	102	105	105	105	90	90
	外国語	—	—	—	—	70	70
特別の教科である道徳の授業時数		34	35	35	35	35	35
外国語活動の授業時数		—	—	35	35	—	—
総合的な学習の時間の授業時数		—	—	70	70	70	70
特別活動の授業時数		34	35	35	35	35	35
総授業時数		850	910	980	1015	1015	1015

備考
一 この表の授業時数の一単位時間は，45分とする。
二 特別活動の授業時数は，小学校学習指導要領で定める学級活動 (学校給食に係るものを除く。)に充てるものとする。
三 第50条第2項の場合において，特別の教科である道徳のほかに宗教を加えるときは，宗教の授業時数をもつてこの表の特別の教科である道徳の授業時数の一部に代えることができる。(別表第二及び別表第四の場合においても同様とする。)

別表 第二 (第七十三条関係)－中学校・各教科の授業時数

区分		第1学年	第2学年	第3学年
各教科の授業時数	国語	140	140	105
	社会	105	105	140
	数学	140	105	140
	理科	105	140	140
	音楽	45	35	35
	美術	45	35	35
	保健体育	105	105	105
	技術・家庭	70	70	35
	外国語	140	140	140
特別の教科である道徳の授業時数		35	35	35
総合的な学習の時間の授業時数		50	70	70
特別活動の授業時数		35	35	35
総授業時数		1,015	1,015	1,015

備考
一 この表の授業時数の一単位時間は，50分とする。
二 特別活動の授業時数は，中学校学習指導要領で定める学級活動 (学校給食に係るものを除く。)に充てるものとする。

資料編

30 文科初第 1845 号
平成 31 年 3 月 29 日

各都道府県教育委員会教育長殿
各指定都市教育委員会教育長殿
各都道府県知事殿
附属学校を置く各国公立大学長殿
小中高等学校を設置する学校設置会社
を所轄する構造改革特別区域法第 12 条
第 1 項の認定を受けた各地方公共団体の長殿

文部科学省初等中等教育局長
永山　賀久

小学校，中学校，高等学校及び特別支援学校等における児童生徒の学習評価及び指導要録の改善等について (通知)

　この度，中央教育審議会初等中等教育分科会教育課程部会において，「児童生徒の学習評価の在り方について (報告)」(平成 31 年 1 月 21 日)(以下「報告」という。) がとりまとめられました。

　報告においては，新学習指導要領の下での学習評価の重要性を踏まえた上で，その基本的な考え方や具体的な改善の方向性についてまとめられています。

　文部科学省においては，報告を受け，新学習指導要領の下での学習評価が適切に行われるとともに，各設置者による指導要録の様式の決定や各学校における指導要録の作成の参考となるよう，学習評価を行うに当たっての配慮事項，指導要録に記載する事項及び各学校における指導要録作成に当たっての配慮事項等を別紙 1〜5 及び参考様式のとおりとりまとめました。

　ついては，下記に示す学習評価を行うに当たっての配慮事項及び指導要録に記載する事項の見直しの要点並びに別紙について十分に御了知の上，各都道府県教育委員会におかれては，所管の学校及び域内の市区町村教育委員会に対し，各指定都市教育委員会におかれては，所管の学校に対し，各都道府県知事及び小中高等学校を設置する学校設置会社を所轄する構造改革特別区域法第 12 条第 1 項の認定を受けた各地方公共団体の長におかれては，所轄の学校及び学校法人等に対し，附属学校を置く各国公立大学長におかれては，その管下の学校に対し，新学習指導要領の下で，報告の趣旨を踏まえた学習指導及び学習評価並びに指導要録の様式の設定等が適切に行われるよう，これらの十分な周知及び必要な指導等をお願いします。さらに，幼稚園，特別支援学校幼稚部，保育所及び幼保連携型認定こども園 (以下「幼稚園等」という。) と小学校 (義務教育学校の前期課程を含む。以下同じ。) 及び特別支援学校小学部との緊密な連携を図る観点から，幼稚園等においてもこの通知の趣旨の理解が図られるようお願いします。

　なお，平成 22 年 5 月 11 日付け 22 文科初第 1 号「小学校，中学校，高等学校及び特別支援学校等における児童生徒の学習評価及び指導要録の改善等について」のうち，小学校及び特別支援学校小学部に関する部分は 2020 年 3 月 31 日をもっ

て，中学校 (義務教育学校の後期課程及び中等教育学校の前期課程を含む。以下同じ。) 及び特別支援学校中学部に関する部分は 2021 年 3 月 31 日をもって廃止することとし，また高等学校 (中等教育学校の後期課程を含む。以下同じ。) 及び特別支援学校高等部に関する部分は 2022 年 4 月 1 日以降に高等学校及び特別支援学校高等部に入学する生徒 (編入学による場合を除く。) について順次廃止することとします。

　なお，本通知に記載するところのほか，小学校，中学校及び特別支援学校小学部・中学部における特別の教科である道徳 (以下「道徳科」という。) の学習評価等については，引き続き平成 28 年 7 月 29 日付け 28 文科初第 604 号「学習指導要領の一部改正に伴う小学校，中学校及び特別支援学校小学部・中学部における児童生徒の学習評価及び指導要録の改善等について」によるところとし，特別支援学校 (知的障害) 高等部における道徳科の学習評価等については，同通知に準ずるものとします。

記

1. 学習評価についての基本的な考え方

(1) カリキュラム・マネジメントの一環としての指導と評価

　「学習指導」と「学習評価」は学校の教育活動の根幹であり，教育課程に基づいて組織的かつ計画的に教育活動の質の向上を図る「カリキュラム・マネジメント」の中核的な役割を担っていること。

(2) 主体的・対話的で深い学びの視点からの授業改善と評価

　指導と評価の一体化の観点から，新学習指導要領で重視している「主体的・対話的で深い学び」の視点からの授業改善を通して各教科等における資質・能力を確実に育成する上で，学習評価は重要な役割を担っていること。

(3) 学習評価について指摘されている課題

　学習評価の現状としては，(1) 及び (2) で述べたような教育課程の改善や授業改善の一連の過程に学習評価を適切に位置付けた学校運営の取組がなされる一方で，例えば，学校や教師の状況によっては，

・学期末や学年末などの事後での評価に終始してしまうことが多く，評価の結果が児童生徒の具体的な学習改善につながっていない，

・現行の「関心・意欲・態度」の観点について，挙手の回数や毎時間ノートをとっているかなど，性格や行動面の傾向が一時的に表出された場面を捉える評価であるような誤解が払拭しきれていない，

・教師によって評価の方針が異なり，学習改善につなげにくい，

・教師が評価のための「記録」に労力を割かれて，指導に注力できない，

・相当な労力をかけて記述した指導要録が，次の学年や学校段階において十分に活用されていない，
　といった課題が指摘されていること。

(4) 学習評価の改善の基本的な方向性

　(3) で述べた課題に応えるとともに，学校における働き方改

革が喫緊の課題となっていることも踏まえ，次の基本的な考え方に立って，学習評価を真に意味のあるものとすることが重要であること。

【1】児童生徒の学習改善につながるものにしていくこと

【2】教師の指導改善につながるものにしていくこと

【3】これまで慣行として行われてきたことでも，必要性・妥当性が認められないものは見直していくこと

これに基づく主な改善点は次項以降に示すところによること。

2. 学習評価の主な改善点について

(1) 各教科等の目標及び内容を「知識及び技能」，「思考力，判断力，表現力等」，「学びに向かう力，人間性等」の資質・能力の三つの柱で再整理した新学習指導要領の下での指導と評価の一体化を推進する観点から，観点別学習状況の評価の観点についても，これらの資質・能力に関わる「知識・技能」，「思考・判断・表現」，「主体的に学習に取り組む態度」の3観点に整理して示し，設置者において，これに基づく適切な観点を設定することとしたこと。その際，「学びに向かう力，人間性等」については，「主体的に学習に取り組む態度」として観点別学習状況の評価を通じて見取ることができる部分と観点別学習状況の評価にはなじまず，個人内評価等を通じて見取る部分があることに留意する必要があることを明確にしたこと。

(2) 「主体的に学習に取り組む態度」については，各教科等の観点の趣旨に照らし，知識及び技能を獲得したり，思考力，判断力，表現力等を身に付けたりすることに向けた粘り強い取組の中で，自らの学習を調整しようとしているかどうかを含めて評価することとしたこと（各教科等の観点の趣旨は，本通知の別紙4及び別紙5に示している）。

(3) 学習評価の結果の活用に際しては，各教科等の児童生徒の学習状況を観点別に捉え，各教科等における学習状況を分析的に把握することが可能な観点別学習状況の評価と，各教科等の児童生徒の学習状況を総括的に捉え，教育課程全体における各教科等の学習状況を把握することが可能な評定の双方の特長を踏まえつつ，その後の指導の改善等を図ることが重要であることを明確にしたこと。

(4) 特に高等学校及び特別支援学校（視覚障害，聴覚障害，肢体不自由又は病弱）高等部における各教科・科目の評価について，学習状況を分析的に捉える観点別学習状況の評価と，これらを総括的に捉える評定の両方について，学習指導要領に示す各教科・科目の目標に基づき学校が地域や生徒の実態に即して定めた当該教科・科目の目標や内容に照らし，その実現状況を評価する，目標に準拠した評価として実施することを明確にしたこと。

3. 指導要録の主な改善点について

指導要録の改善点は以下に示すほか，別紙1から別紙3まで及び参考様式に示すとおりであること。設置者や各学校においては，それらを参考に指導要録の様式の設定や作成に当たることが求められること。

(1) 小学校及び特別支援学校（視覚障害，聴覚障害，肢体不自由又は病弱）小学部における「外国語活動の記録」については，従来，観点別に設けていた文章記述欄を一本化した上で，評価の観点に即して，児童の学習状況に顕著な事項がある場合にその特徴を記入することとしたこと。

(2) 高等学校及び特別支援学校（視覚障害，聴覚障害，肢体不自由又は病弱）高等部における「各教科・科目等の学習の記録」については，観点別学習状況の評価を充実する観点から，各教科・科目の観点別学習状況を記載することとしたこと。

(3) 高等学校及び特別支援学校（視覚障害，聴覚障害，肢体不自由又は病弱）高等部における「特別活動の記録」については，教師の勤務負担軽減を図り，観点別学習状況の評価を充実する観点から，文章記述を改め，各学校が設定した観点を記入した上で，各活動・学校行事ごとに，評価の観点に照らして十分満足できる活動の状況にあると判断される場合に，○印を記入することとしたこと。

(4) 特別支援学校（知的障害）各教科については，特別支援学校の新学習指導要領において，小・中・高等学校等との学びの連続性を重視する観点から小・中・高等学校の各教科と同様に育成を目指す資質・能力の三つの柱で目標及び内容が整理されたことを踏まえ，その学習評価においても観点別学習状況を踏まえて文章記述を行うこととしたこと。

(5) 教師の勤務負担軽減の観点から，【1】「総合所見及び指導上参考となる諸事項」については，要点を箇条書きとするなど，その記載事項を必要最小限にとどめるとともに，【2】通級による指導を受けている児童生徒について，個別の指導計画を作成しており，通級による指導に関して記載すべき事項が当該指導計画に記載されている場合には，その写しを指導要録の様式に添付することをもって指導要録への記入に替えることも可能とするなど，その記述の簡素化を図ることとしたこと。

4. 学習評価の円滑な実施に向けた取組について

(1) 各学校においては，教師の勤務負担軽減を図りながら学習評価の妥当性や信頼性が高められるよう，学校全体としての組織的かつ計画的な取組を行うことが重要であること。具体的には，例えば以下の取組が考えられること。

・評価規準や評価方法を事前に教師同士で検討し明確化することや評価に関する実践事例を蓄積し共有すること。

・評価結果の検討等を通じて評価に関する教師の力量の向上を図ること。

・教務主任や研究主任を中心として学年会や教科等部会等の校内組織を活用すること。

(2) 学習評価については，日々の授業の中で児童生徒の学習状況を適宜把握して指導の改善に生かすことに重点を置くことが重要であること。したがって観点別学習状況の評価の記録に用いる評価については，毎回の授業ではなく原則として単元や題材など内容や時間のまとまりごとに，それぞれの実現状況を把握できる段階で行うなど，その場面を精選することが重要であること。

(3) 観点別学習状況の評価になじまず個人内評価の対象となるものについては，児童生徒が学習したことの意義や価値を実感できるよう，日々の教育活動等の中で児童生徒に伝えることが重要であること。特に「学びに向かう力，人間性等」のうち「感性や思いやり」など児童生徒一人一人のよい点や可能性，進歩の状況などを積極的に評価し児童生徒に伝えることが重要であること。

(4) 言語能力，情報活用能力や問題発見・解決能力など教科等

横断的な視点で育成を目指すこととされた資質・能力は，各教科等における「知識・技能」，「思考・判断・表現」，「主体的に学習に取り組む態度」の評価に反映することとし，各教科等の学習の文脈の中で，これらの資質・能力が横断的に育成・発揮されることが重要であること。

(5) 学習評価の方針を事前に児童生徒と共有する場面を必要に応じて設けることは，学習評価の妥当性や信頼性を高めるとともに，児童生徒自身に学習の見通しをもたせる上で重要であること。その際，児童生徒の発達の段階等を踏まえ，適切な工夫が求められること。

(6) 全国学力・学習状況調査や高校生のための学びの基礎診断の認定を受けた測定ツールなどの外部試験や検定等の結果は，児童生徒の学習状況を把握するために用いることで，教師が自らの評価を補完したり，必要に応じて修正したりしていく上で重要であること。

　このような外部試験や検定等の結果の利用に際しては，それらが学習指導要領に示す目標に準拠したものでない場合や，学習指導要領に示す各教科の内容を網羅的に扱うものではない場合があることから，これらの結果は教師が行う学習評価の補完材料であることに十分留意が必要であること。

(7) 法令に基づく文書である指導要録について，書面の作成，保存，送付を情報通信技術を用いて行うことは現行の制度上も可能であり，その活用を通して指導要録等に係る事務の改善を推進することが重要であること。特に，統合型校務支援システムの整備により文章記述欄などの記載事項が共通する指導要録といわゆる通知表のデータの連動を図ることは教師の勤務負担軽減に不可欠であり，設置者等においては統合型校務支援システムの導入を積極的に推進すること。仮に統合型校務支援システムの整備が直ちに困難な場合であっても，校務用端末を利用して指導要録等に係る事務を電磁的に処理することも効率的であること。

　これらの方法によらない場合であっても，域内の学校が定めるいわゆる通知表の記載事項が，当該学校の設置者が様式を定める指導要録の「指導に関する記録」に記載する事項を全て満たす場合には，設置者の判断により，指導要録の様式を通知表の様式と共通のものとすることが現行の制度上も可能であること。その際，例えば次のような工夫が考えられるが，様式を共通のものとする際には，指導要録と通知表のそれぞれの役割を踏まえることも重要であること。

・通知表に，学期ごとの学習評価の結果の記録に加え，年度末の評価結果を追記することとすること。
・通知表の文章記述の評価について，指導要録と同様に，学期ごとにではなく年間を通じた学習状況をまとめて記載することとすること。
・指導要録の「指導に関する記録」の様式を，通知表と同様に学年ごとに記録する様式とすること。

(8) 今後，国においても学習評価の参考となる資料を作成することとしているが，都道府県教育委員会等においても，学習評価に関する研究を進め，学習評価に関する参考となる資料を示すとともに，具体的な事例の収集・提示を行うことが重要であること。特に高等学校については，今般の指導要録の改善において，観点別学習状況の評価が一層重視されたこと等を踏まえ，教員研修の充実など学習評価の改善に向けた取組に一層，重点を置くことが求められること。国が作成する高等学校の参考資料についても，例えば，定期考査や実技など現在の高等学校で取り組んでいる学習評価の場面で活用可能な事例を盛り込むなど，高等学校の実態や教師の勤務負担軽減に配慮しつつ学習評価の充実を図ることを可能とする内容とする予定であること。

5. 学習評価の改善を受けた高等学校入学者選抜，大学入学者選抜の改善について

　「1. 学習評価についての基本的な考え方」に示すとおり，学習評価は，学習や指導の改善を目的として行われているものであり，入学者選抜に用いることを一義的な目的として行われるものではないこと。したがって，学習評価の結果を入学者選抜に用いる際には，このような学習評価の特性を踏まえつつ適切に行うことが重要であること。

(1)高等学校入学者選抜の改善について
　報告を踏まえ，高等学校及びその設置者において今般の学習評価の改善を受けた入学者選抜の在り方について検討を行う際には，以下に留意すること。

・新学習指導要領の趣旨を踏まえた各高等学校の教育目標の実現に向け，入学者選抜の質的改善を図るため，改めて入学者選抜の方針や選抜方法の組合せ，調査書の利用方法，学力検査の内容等について見直すこと。
・調査書の利用に当たっては，そのねらいを明らかにし，学力検査の成績との比重や，学年ごとの学習評価の重み付け等について検討すること。例えば都道府県教育委員会等において，所管の高等学校に一律の比重で調査書の利用を義務付けているような場合には，各高等学校の入学者選抜の方針に基づいた適切な調査書の利用となるよう改善を図ること。
・入学者選抜の改善に当たっては，新学習指導要領の趣旨等も踏まえつつ，学校における働き方改革の観点から，調査書の作成のために中学校の教職員に過重な負担がかかったり，生徒の主体的な学習活動に悪影響を及ぼしたりすることのないよう，入学者選抜のために必要な情報の整理や市区町村教育委員会及び中学校等との情報共有・連携を図ること。

(2)大学入学者選抜の改善について
　国においては新高等学校学習指導要領の下で学んだ生徒に係る「2025年度大学入学者選抜実施要項」の内容について2021年度に予告することとしており，予告に向けた検討に際しては，報告及び本通知の趣旨を踏まえ以下に留意して検討を行う予定であること。

・各大学において，特に学校外で行う多様な活動については，調査書に過度に依存することなく，それぞれのアドミッション・ポリシーに基づいて，生徒一人一人の多面的・多角的な評価が行われるよう，各学校が作成する調査書や志願者本人の記載する資料，申告等を適切に組み合わせるなどの利用方法を検討すること。
・学校における働き方改革の観点から，指導要録を基に作成される調査書についても，観点別学習状況の評価の活用を含めて，入学者選抜で必要となる情報を整理した上で検討すること。

資料⑨ 「各教科等の評価の観点等及びその趣旨」（資料⑧の通知における別紙からの抜粋）

<小学校　総合的な学習の時間の記録>

観点	知識・技能	思考・判断・表現	主体的に学習に取り組む態度
趣旨	探究的な学習の過程において，課題の解決に必要な知識や技能を身に付け，課題に関わる概念を形成し，探究的な学習のよさを理解している。	実社会や実生活の中から問いを見いだし，自分で課題を立て，情報を集め，整理・分析して，まとめ・表現している。	探究的な学習に主体的・協働的に取り組もうとしているとともに，互いのよさを生かしながら，積極的に社会に参画しようとしている。

<中学校　総合的な学習の時間の記録>

観点	知識・技能	思考・判断・表現	主体的に学習に取り組む態度
趣旨	探究的な学習の過程において，課題の解決に必要な知識や技能を身に付け，課題に関わる概念を形成し，探究的な学習のよさを理解している。	実社会や実生活の中から問いを見いだし，自分で課題を立て，情報を集め，整理・分析して，まとめ・表現している。	探究的な学習に主体的・協働的に取り組もうとしているとともに，互いのよさを生かしながら，積極的に社会に参画しようとしている。

<高等学校　総合的な探究の時間の記録>

	観点	趣旨
総合的な探究の時間	知識・技能	探究の過程において，課題の発見と解決に必要な知識及び技能を身に付け，課題に関わる概念を形成し，探究の意義や価値を理解している。
	思考・判断・表現	実社会や実生活と自己との関わりから問いを見いだし，自分で課題を立て，情報を集め，整理・分析して，まとめ・表現している。
	主体的に学習に取り組む態度	探究に主体的・協働的に取り組もうとしているとともに，互いのよさを生かしながら，新たな価値を創造し，よりよい社会を実現しようとしている。

資料⑩ 「地方教育行政の組織及び運営に関する法律」（関係部分の抜粋）

第三章　教育委員会及び地方公共団体の長の職務権限
（教育委員会の職務権限）
第二十一条　教育委員会は，当該地方公共団体が処理する教育に関する事務で，次に掲げるものを管理し，及び執行する。
一　教育委員会の所管に属する第三十条に規定する学校その他の教育機関（以下「学校その他の教育機関」という。）の設置，管理及び廃止に関すること。
二　教育委員会の所管に属する学校その他の教育機関の用に供する財産（以下「教育財産」という。）の管理に関すること。
三　教育委員会及び教育委員会の所管に属する学校その他の教育機関の職員の任免その他の人事に関すること。
四　学齢生徒及び学齢児童の就学並びに生徒，児童及び幼児の入学，転学及び退学に関すること。
五　教育委員会の所管に属する学校の組織編制，教育課程，学習指導，生徒指導及び職業指導に関すること。
六　教科書その他の教材の取扱いに関すること。
七　校舎その他の施設及び教具その他の設備の整備に関すること。
八　校長，教員その他の教育関係職員の研修に関すること。

九　校長，教員その他の教育関係職員並びに生徒，児童及び幼児の保健，安全，厚生及び福利に関すること。
十　教育委員会の所管に属する学校その他の教育機関の環境衛生に関すること。
十一　学校給食に関すること。
十二　青少年教育，女性教育及び公民館の事業その他社会教育に関すること。
十三　スポーツに関すること。
十四　文化財の保護に関すること。
十五　ユネスコ活動に関すること。
十六　教育に関する法人に関すること。
十七　教育に係る調査及び基幹統計その他の統計に関すること。
十八　所掌事務に係る広報及び所掌事務に係る教育行政に関する相談に関すること。
十九　前各号に掲げるもののほか，当該地方公共団体の区域内における教育に関する事務に関すること。

第四章　教育機関

（学校等の管理）

第三十三条　教育委員会は，法令又は条例に違反しない限度において，その所管に属する学校その他の教育機関の施設，設備，組織編制，教育課程，教材の取扱その他学校その他の教育機関の管理運営の基本的事項について，必要な教育委員会規則を定めるものとする。この場合において，当該教育委員会規則で定めようとする事項のうち，その実施のためには新たに予算を伴うこととなるものについては，教育委員会は，あらかじめ当該地方公共団体の長に協議しなければならない。

2　前項の場合において，教育委員会は，学校における教科書以外の教材の使用について，あらかじめ，教育委員会に届け出させ，又は教育委員会の承認を受けさせることとする定を設けるものとする。

第五章　文部科学大臣及び教育委員会相互間の関係等
（文部科学大臣又は都道府県委員会の指導，助言及び援助）

第四十八条　地方自治法第二百四十五条の四第一項の規定によるほか，文部科学大臣は都道府県又は市町村に対し，都道府県委員会は市町村に対し，都道府県又は市町村の教育に関する事務の適正な処理を図るため，必要な指導，助言又は援助を行うことができる。

2　前項の指導，助言又は援助を例示すると，おおむね次のとおりである。

一　学校その他の教育機関の設置及び管理並びに整備に関し，指導及び助言を与えること。

二　学校の組織編制，教育課程，学習指導，生徒指導，職業指導，教科書その他の教材の取扱いその他学校運営に関し，指導及び助言を与えること。

三　学校における保健及び安全並びに学校給食に関し，指導及び助言を与えること。

四　教育委員会の委員及び校長，教員その他の教育関係職員の研究集会，講習会その他研修に関し，指導及び助言を与え，又はこれらを主催すること。

五　生徒及び児童の就学に関する事務に関し，指導及び助言を与えること。

六　青少年教育，女性教育及び公民館の事業その他社会教育の振興並びに芸術の普及及び向上に関し，指導及び助言を与えること。

七　スポーツの振興に関し，指導及び助言を与えること。

八　指導主事，社会教育主事その他の職員を派遣すること。

九　教育及び教育行政に関する資料，手引書等を作成し，利用に供すること。

十　教育に係る調査及び統計並びに広報及び教育行政に関する相談に関し，指導及び助言を与えること。

十一　教育委員会

3　文部科学大臣は，都道府県委員会に対し，第一項の規定による市町村に対する指導，助言又は援助に関し，必要な指示をすることができる。

4　地方自治法第二百四十五条の四第三項の規定によるほか，都道府県知事又は都道府県委員会は文部科学大臣に対し，市町村長又は市町村委員会は文部科学大臣又は都道府県委員会に対し，教育に関する事務の処理について必要な指導，助言又は援助を求めることができる。

（是正の要求の方式）

第四十九条　文部科学大臣は，都道府県委員会又は市町村委員会の教育に関する事務の管理及び執行が法令の規定に違反するものがある場合又は当該事務の管理及び執行を怠るものがある場合において，児童，生徒等の教育を受ける機会が妨げられていることその他の教育を受ける権利が侵害されていることが明らかであるとして地方自治法第二百四十五条の五第一項若しくは第四項の規定による求め又は同条第二項の指示を行うときは，当該教育委員会が講ずべき措置の内容を示して行うものとする。

（文部科学大臣の指示）

第五十条　文部科学大臣は，都道府県委員会又は市町村委員会の教育に関する事務の管理及び執行が法令の規定に違反するものがある場合又は当該事務の管理及び執行を怠るものがある場合において，児童，生徒等の生命又は身体に現に被害が生じ，又はまさに被害が生ずるおそれがあると見込まれ，その被害の拡大又は発生を防止するため，緊急の必要があるときは，当該教育委員会に対し，当該違反を是正し，又は当該怠る事務の管理及び執行を改めるべきことを指示することができる。ただし，他の措置によつては，その是正を図ることが困難である場合に限る。

（文部科学大臣の通知）

第五十条の二　文部科学大臣は，第四十九条に規定する求め若しくは指示又は前条の規定による指示を行つたときは，遅滞なく，当該地方公共団体（第四十九条に規定する指示を行つたときにあつては，当該指示に係る市町村）の長及び議会に対して，その旨を通知するものとする。

（調査）

第五十三条　文部科学大臣又は都道府県委員会は，第四十八条第一項及び第五十一条の規定による権限を行うため必要があるときは，地方公共団体の長又は教育委員会が管理し，及び執行する教育に関する事務について，必要な調査を行うことができる。

2　文部科学大臣は，前項の調査に関し，都道府県委員会に対し，市町村長又は市町村委員会が管理し，及び執行する教育に関する事務について，その特に指定する事項の調査を行うよう指示をすることができる。

（資料及び報告）

第五十四条　教育行政機関は，的確な調査，統計その他の資料に基いて，その所掌する事務の適切かつ合理的な処理に努めなければならない。

2　文部科学大臣は地方公共団体の長又は教育委員会に対し，都道府県委員会は市町村長又は市町村委員会に対し，それぞれ都道府県又は市町村の区域内の教育に関する事務に関し，必要な調査，統計その他の資料又は報告の提出を求めることができる。

代表著作者（現職／原稿担当）

美谷島 正義
（東京女子体育大学・同短期大学教授／授業ガイダンス, 第1章）

和田 孝
（帝京大学教育学部長・教授／第3章, 第4章）

著者（あいうえお順）

青木 由美子
（東京都小平市立小平第五中学校校長／第6章・中学校）

佐野 匡
（帝京大学教職センター・教育学部初等教育学科准教授／第5章, 第6章・小学校）

新庄 恵子
（帝京大学教職センター・教育学部教育文化学科准教授／第2章）

髙橋 章浩
（東京都狛江市立狛江第六小学校主幹教諭／第7章・小学校）

堂脇 真理子
（大分県立佐伯豊南高等学校主幹教諭／第7章・高等学校）

羽田野 明美
（大分県立佐伯豊南高等学校教諭／第7章・高等学校）

福山 隆彦
（東京都世田谷区立尾山台中学校校長／第7章・中学校）

増渕 達夫
（帝京大学教育学部教育文化学科教授／第6章・高等学校）

参考文献
文部科学省・「21世紀を展望した我が国の教育の在り方について」（中央教育審議会第一次答申）（平成20年）／小学校学習指導要領（平成29年告示）／中学校学習指導要領（平成29年告示）／高等学校学習指導要領（平成30年告示）／小学校学習指導要領（平成29年告示）解説 ［総則編］［総合的な学習の時間編］／中学校学習指導要領（平成29年告示）解説 ［総合的な学習の時間編］／高等学校学習指導要領（平成30年告示）解説 ［総合的な探究の時間編］／「今、求められる力を高める総合的な学習の時間の展開」（中学校編）（平成22年11月）／「幼稚園，小学校，中学校，高等学校及び特別支援学校の学習指導要領等の改善及び必要な方策等について」（中央教育審議会答申）（平成28年12月21日）など。

［解説］実践 総合的な学習の時間の指導法

2020年2月18日 発行

発 行 開隆堂出版株式会社
　　　　代表者 大熊 隆晴
　　　　〒113-8608 東京都文京区向丘1-13-1
　　　　電話03-5684-6116（編集）
　　　　http://www.kairyudo.co.jp/
発 売 開隆館出版販売株式会社
　　　　〒113-8608 東京都文京区向丘1-13-1
　　　　電話03-5684-6118（販売）
印 刷 株式会社大熊整美堂

表紙・本文デザイン／ソフトウェーブ株式会社